KB251210

책임인가 자율인가?

나의 부모님(김선옥, 하복술)께

책임인가 자율인가?

김종국 지음

KSI 한국학술정보(주)

▦ 일러두기

　이 책은 1996년 12월에 고려대학교에 제출된 김종국의 박사논문 『책임과 자율 — 요나스의 비판에 대한 칸트의 응답을 중심으로 —』를 출판한 것이다. 이 책에서는 박사 논문에서 인용이 부정확하게 처리된 것, 오자 탈자 등이 교정되었고, 요나스와 칸트 저작의 한국어 번역본이 있는 경우 원문에 해당하는 번역서의 쪽수가 병기되었으며(그렇지만 나의 번역은 한국어 역자들의 번역들과 일치하지 않는다), 그간 나의 연구논문이 참고로 추가되었다.

✹ 차 례

들어가는 말

이글은 각각 책임의 원칙과 자율의 원칙으로 대표되는 한스 요나스와 임마누엘 칸트의 윤리학을 주로 철학적 윤리학[1])의 맥락에서 비교함으로써 생산적 결론을 끌어내려는 의도를 갖는다. 칸트와 요나스 두 사람 사이에는 그리 짧지 않은 시·공간적 거리가 가로놓여 있음에도 불구하고, 나의 판단으로는 최소한 그들의 실천 철학의 방향성들은 그 출발점에 있어 유사한 문제의식에 의해 지배되고 있다. 그것은 근대 이래 인간의 지배적 행위 양식이 되어 버린 도구적 실천이 제기한 문제에 윤리학이 어떻게 대처할 것인가 하는 것이다. 사실 진보와 그것의 수단인 과학 기술에 대한 낙관적인 전망으로 가득차 있던 근대의 초기에 이미 기술적 합리성을 제어할 필요성을 간파한 것은 칸트의 위대한 통찰이었다.[2]) 이 통찰이 과학

---

1) 철학적 윤리학이 선·악의 판정을 문제삼을 뿐인 규범 윤리학과 다른 점은 '가치의 존재론적 지위와 이러한 가치와 관계하는 인식 주체의 능력'의 문제를 중점적으로 다룬다는 데 있다. 이런 한, 철학적 윤리학은 규범 윤리학의 토대를 이룬다.

2) 특히 '인간 種의 진보에서 기술의 발전 속도는 도덕성의 발전 속도를 앞

· 기술의 조작적 특성을 이론 이성에 의해 정당화한 장본인의 것이란 점에서 더욱 그러하다. 그리고 요나스 실천 철학의 배경에는 기술 공학적 체계가 그 정점에 이르러 결과하게 된 '계몽의 변증법'에 대한 구체적 자각이 자리잡고 있다. 그에 의하면 전통 윤리학은 기술 공학적 실천이 야기한 전대미문의 문제에 제대로 대처할 수 없다. 그 문제란 '인간을 포함한 생명 일반의 미래 존재'라는 문제이다. '계몽의 변증법'이 초래한 생존의 위기 앞에서 진보의 문제는 유보되어야 한다는 절박한 의식이 '도덕 법칙이나 사회적 이념보다는 인류를 포함한 생명 일반의 생존을 윤리학의 일차적 과제로 삼자'는 주장에 전제되어 있는 것이다.

나의 판단으로는 기술적 실천을 제어할 행위를 이론적으로 정당화하려는 이러한 동기는 '전략적 합리성'과 '도구적 합리성'을 규제할 도덕성을 확보해야 한다는 과제, 즉 도덕성의 합리적 토대를 보여줌으로써 도덕성이 실재한다는 것을 입증해야 한다는 과제로 이어진다. 칸트와 요나스 양자의 기획이 일차적으로 도덕적 회의주의의 극복을 목표로 하는 것도 도덕성이 도구적 합리성으로 환원되는 경우에 대한 이론적 반성으로부터 결과한 것으로 보인다. 칸트는 당시의 도덕 감정설로 대표되는 가치 상대주의를, 요나스는 이모우티비즘에 의해 조장된 현대의 가치 허무주의를 주된 극복의 대상으로 삼는다.

그러나 두 사람은 가치 자체로서의 도덕성을 확보함에 있어 각기

지른다'는 우려를 표명하고 있는 I. Kant, Das Ende aller Dinge, in: Kant's Gesammelte Schriften, Bd. 8, A 506에 있는 칸트의 지적 참조. 물론 칸트는 '욕망에 의해 倍加된 기술적 생산을 도덕성이 따라잡을 수 있을 것'이라는 다소 소박한 전망에 그침으로써 기술 공학적 체계의 역동적 자가 발전성을 예측해 내지 못한 감이 있다. 그러나 나의 판단으로는 이러한 시대적 한계가 그의 통찰의 위대성을 무력화하는 것은 아니다.

상이한 방법론을 취함으로써 선명히 대비된다. 칸트는 행위 주체에서 출발하는 반면, 요나스는 행위 대상에서 출발한다. 칸트가 도덕적 주체의 인식적·형식적 특성을 구명하는 데서 객관적 가치를 확보하려는 데 비해 요나스는 도덕적 대상의 존재론적·내용적 특성을 구명하는 데서 객관적 가치를 확보하려 한다. 그러므로 자율과 책임, 즉 '도덕적 주체의 자율'과 '도덕적 대상에 대한 책임'은 양 기획의 특성을 잘 표현해 주는 개념이다. 전체적으로 봤을 때 칸트가 이론 이성에 의해서는 선 자체가 근거지어질 수 없다고 보아 이론적 인식과 도덕적 인식의 이원론을 고수한 데 비해, 요나스는 사실적 대상에 가치를 인정함으로써 적극적으로 형이상학을 복권시키고 이 형이상학 내에 윤리학을 근거지으려 한다. 이러한 두 사람의 상이한 방법론의 배후에는 상이한 세계관과 상이한 시대 인식이 지배하고 있음은 물론이다.

이렇듯 기술적 실천에 대한 통제력의 확보라고 하는 과제에서 출발하면서도 결국 자율 능력과 책임 능력을 중심으로 제각기의 도덕 이론을 제시하고 있는 두 사람을 비교함에 있어 나는 도덕성을 구성하고 있는 제 계기의 분석이 비교의 틀을 제시해 줄 수 있다고 본다. 강조하려는 것이 선 자체로서의 '형식적 선의지'(칸트)이든 '선 자체로서의 내용적 목적 자체'(요나스)이든 간에, 그것이 설득력을 지니려면 그 어떤 형태로든 정당화되지 않으면 안 된다. 일차적으로 도덕적 주체의 도덕성의 형식을 문제삼는 인식론적 접근은 인식의 기원(Ursprung)과 관련하여 존재론적 문제와 만나게 되고 도덕적 대상의 내용을 일차적으로 문제삼는 존재론적 접근은 인식적 근거(Grund)와 관련하여 인식론적 문제와 만나게 된다. 잘 알려진 대로 도덕적 통찰과 그것의 존재론적·인식론적 계기들을 구명함에 있어 핵심적인 것은 '善의 구속력'과 '구속성(Verbindlichkeit)의 의식'

이다. 따라서 도덕성의 현상에 대한 진지한 탐구라면 구속성을 구성하는 이 두 가지 계기, 즉 선의 요구(Anspruch)와 이에 대한 주체의 동의(Zustimmung) 양자를 고려해야 한다. 그리고 만일 '상식적 도덕 판단에서 확인되는 도덕성의 객관적 특성은 구속성의 의식을 嗜好的 선택이나 임의적 약속으로 환원함으로써는 해명될 수 없다'는 데 수긍한다면, 우리는 도덕적 가치가 갖는 구속력의 이성적 특성에 주목하지 않을 수 없다. 따라서 선의 요구에 대한 도덕 주체의 관계는 '객관적 요구에 대한 이성의 파악'을 한 계기로서 포함해야만 한다. 그러나 객관적 요구에 주체가 관계하는 방식은 오직 이러한 이성적 판단만으로 다 해명되는 것은 아니다. 왜냐하면 구속성의 의식은 외적 강제력에 대한 일방적 수용 이상의 것이기 때문이다. 선의 요구에 대한 주체의 적극적 일치 활동이라는 또 하나의 계기가 없다면, 도덕적 구속성에서 의식되는 '강제력 이상의 그 무엇'은 해명될 수 없는 것이다. 요컨대 철학적 윤리학에서 구명된 도덕적 통찰에 고유한 세 계기, 그리하여 내가 칸트와 요나스 양자의 입장을 주로 가치 존재론의 맥락에서 비교하기 위해 동원할 세 계기는 ① 선의 객관적 요구 ② 요구의 객관성에 대한 파악 ③ 요구에 대한 능동적 일치, 즉 동의이다.

요나스는 도덕성에 대한 칸트적 분석에 의도적으로 반정립함으로써 자신의 기획을 부각시키고 있다. 나는 도덕성을 구성하는 제 계기에 대한 요나스의 분석에서 제기된 '칸트에 대한 요나스의 반론'에 대해, 가능한 칸트적 응답을 대응시킴으로써 양자를 비교하는 방식을 취할 것이다.

먼저 ① 義務化하는 가치 존재(das Verpflichtende)와 관련한 요나스와 칸트의 주장을, 각각 '선 자체로서의 목적성' 및 '선 자체로서의 도덕성'이라는 제목 아래, ⓐ 가치 존재의 원칙은 무엇인가, ⓑ 이

원칙은 어떻게 가능한가, ⓒ 이 원칙의 담지자는 누구인가의 순으로
살펴보고 비교한다. ⓐ에서 나는 칸트와 요나스 양자가 가치 존재론
적으로 가치 실재론의 입장에 서 있다는 것을 보일 작정이다. 특히
요나스의 가치 존재론에 대한 일반적 오해, 즉 그의 윤리학이 자연주
의적 오류를 범하고 있다는 비판에 대한 반박이 시도될 것이다. ⓒ에
서 나는 칸트적 선 자체와 요나스적 선 자체가 각각 인간 외의 다른
생명과 관련해서 그 이론적 귀결로 어떠한 입장을 취하게 되는지를
고찰할 것이다. 이 과정에서 나는 칸트 윤리학에 있어 생명 윤리의
가능성을 그의 『도덕 형이상학』을 중심으로 모색해 볼 작정이다.

다음으로 나는 각각 책임의 원칙과 자율의 원칙이라는 이름 아래
義務化되는 도덕적 주체(das Verpflichtete)의 ② '가치 통찰 능력' 및
③ '가치의 구속력에 대한 주체의 능동적 일치 능력'을 살펴보고 비
교할 것이다. ③에서는 동기력으로서의 책임감 및 존경이라는 현상
이 분석될 것이다. 이러한 비교의 과정에서 나는 외관상 거의 일대
일로 상충되는 것처럼 보이는 책임성과 자율성이 실은 '구조적 동
일성을 갖는 도덕성의 두 가지 차원들'이라는 것을 보일 작정이다.
더 나아가 나는 요나스의 표현에 따라 '도덕적 자유'와 '반성적 자
유'로 요약될 수 있는 도덕성의 두 가지 차원들이 각각 도덕적 경
험의 '발생의 맥락'과 '타당성의 맥락'에 주목하고 있음을 보임으로
써 양자 간에 모종의 질서화가 가능하다는 것을, 즉 '책임으로서의
자율'이 가능하다는 것을 보여주려 한다.

나는 요나스의 책임 윤리와 칸트의 자율 윤리가 양자택일의 관계
에 있을 필요가 없다는 것을 보여주려는 이러한 시도가 '탈인간 중
심주의 대인간 중심주의'라는 자칫 소모적이 되기 쉬운 대결 구도
에 일정 정도 생산적 논의를 가능케 할 여지를 제공할 수 있을 것
이라는 기대를 갖고 있다.

1부 : 책임의 윤리학

Ⅰ. 기술과 미래 인류

1. 요나스 윤리학의 배경

칸트의 실천 철학이 당시의 합리적 윤리학과 도덕 감정설 간의 이론적 갈등 상황을 배경으로 하고 있다면, 요나스는 인간 중심주의 윤리학과 가치 허무주의를 자신의 논적으로 설정한다. 칸트의 위기의식은 실천 철학의 이론적 난맥이 도덕적 타락을 방조할지도 모른다는 것이었다. 이에 비해 요나스의 위기의식은 일차적으로 구체적 행위와 관련되어 있다. 그가 보기에 위기의 진원지는 기술 공학적 실천이라고 하는 새로운 유형의 집단적 인간 행위이다.[3]

---

3) 다시 말해 칸트의 위기의식이 도덕성의 실재에 대한 회의가 가져올 위기와 관련된 것이라면 요나스의 위기의식은 일차적으로 기술적 실천을 규제할 규범에 대한 전통적 정당화가 (그가 보기에) 무기력하다는 것과 관련되어 있다.

기술이 그것의 완숙한 형태인 과학 기술적 실천의 형태에 이르러 전대미문의 영향력을 가지게 되었다는 것은 이제 이 시대의 상식이다. 근대 과학 자체가 이미 기술의 조작적 특성을 지니고 있었으며,[4] 이러한 경향은 조작 대상으로서의 자연에 관한 베이컨적 파악에 나타나 있다. 이렇게 과학에 의해 뒷받침된 기술 공학적 실천은 본질적으로 유기체적 특성을 갖는다. 물론 기술 행위 자체에 대규모의 인력이 동원되는 것이 단지 근대의 일은 아니지만,[5] 근대 이래의 기술적 실천은 유기적 전체로서의 기술 공학 체계에 의해 사람들의 역할이 주어진다는 점에서 과거와 구별된다. 다시 말해 이러한 실천의 집단적 성격은 기술 공학적 체계 자체에서 비롯된 것이지 집단적 실천이 기술 공학적 체계를 가져온 것은 아니라는 것이다. 더 나아가 기술 공학적 체계는 또한 자기 번식적이란 점에서, 그리고 그 전개를 되물릴 수 없다는 점에서 유기체적이다.[6] 특정

---

4) 하이데거에 의하면 과학의 단순한 응용이 현대 기술인 것이 아니다. 오히려 현대 기술은 본질상 자연을 대하는 방식에 있어 계량적 자연 과학을 사용할 수밖에 없다. 즉 현대 기술의 본질은 몰아세움(Gestell)인데 이 본질이 계량적 자연 과학을 부린다는 것이다. 이상 M. Heidegger 지음, 이기상 옮김, 『기술과 전향』(원제 *Die Technik und die Kehre*), 서울, 1993, 63 참조.

5) 멈포드에 의하면 이집트의 피라미드 축조가 이미 대규모 인력 동원의 사례, 즉 메가머신(Megamachine)의 출현을 보여준다. 그의 기술관에 대해서는 L. Mumford, Technics and the Nature of Man, in: C. Mitcham ed., *Philosophy and Technology,* 1972, New York, 77-85 참조.

6) 앙상블(ensemble)로서의 기술에 대한 선구적 분석으로는 J. Ellul, *The technological Society,* New York, 1964(특히 2장) 참조. 기술에 대한 그의 균형 잡힌 입장은 앞서 언급한 *Philosophy and Technology*에 수록된 그의 글 The Technological Order에 압축적으로 표현되어 있다. 그에 의하면 ① 모든 기술적 진보는 대가를 요구하며, ② 기술은 그것이 해결하는 문제보다 더 많은 문제를 야기하고, ③ 기술의 좋은 효과는 나쁜 효과와 분리할 수 없을 뿐만 아니라, ④ 그 결과 또한 예측할 수 없다.(97-105 참조)

기술 공학 체계의 자가 발전적 결과는 그 초기 조건을 가늠할 수 없을 정도로 복잡하며, 최초의 행위와 그것의 결과 사이의 시간적 간격도 확대되는 경향을 보인다. 기술적 지식에 의해 예측할 수 있는 단기 효과와 그것의 규모를 훨씬 능가하는 장기 효과 간의 불균형, 작용계(Wirkwelt)와 인지계(Merkwelt) 간의 불일치는 대규모 기계 및 기술적 지식에 의해 漸增한다.

기술 공학적 실천에 의해 야기된 현실적 결과는 우선 자연의 不可侵性에 대한 신념의 붕괴로 나타난다. 자연의 寶庫는 결코 고갈될 수 없다는 전통적 신념이 기술 공학적 실천으로 인해 허물어지기 시작했고, 그 결과 지구의 유한성에 대한 자각이 救命艇, 공공 목장,7) 노아의 홍수 전야 등의 비유로 등장하게 된 것이다. 또한 기술 공학적 실천의 결과가 현실화되는 시간적 외연의 확장은 기술 공학이 인류는 말할 것도 없고 생명계의 미래에 관여하게 되었다는 것을 의미한다. 물론 이는 기술 공학에 의한 자연 조작의 시간 폭이 늘어났다는 점에서, 즉 원인이 되는 행위자와 그 결과로 인한 피해자가 각각 다른 세대일 수 있다는 점에서 그러하다. 그런데 이와 관련한 좀 더 심각한 문제는 조작 대상으로서의 자연에 인간이 포함된다는 점이다. 현대 의학은 유전자 공학의 성과를 바탕으로 하여 인간 행위를 기술적으로 통제하거나 천부적 수명을 인위적으로 연장할 수 있다는 전망을 가지게 되었다. 더 나아가 유전 공학은 '더 나은 인간'이라는 기획하에 더 이상 진화를 자연 과정 자체에 위임하지 않고 직접 개입함으로써 창조주로 자처하려 하고 있다.

요나스는 우선 기술적 실천이 초래한 미래의 예측 불가능성 자체가 윤리적 의미를 획득해야 한다고 본다. 기술 공학적 실천의 결과

---

7) G. Hardin, The Tragedy of the Commons, in: K.S. Shrader Frechtte ed., *Environmental Ethics,* Pacific Grove, 242-253 참조.

에 내포된 불확실성은 논리적으로는 미래에 대한 낙관적 전망 또한 가능하다는 것을 함축하지만, 예견하는 능력이 불충분하다는 사실 자체가 우선 문제로 느껴져야 한다는 것이다. 도덕적 자각은 '아무런 문제도 없다'는 식의 무책임한 낙관론에서 벗어나 소크라테스적인 무지의 자각과 겸손에 기초해야만 가능하다는 그의 주장은 (기술 공학적 실천의 결과에 대한) '吉한 예측이 아니라 불길한 예측이 우선성을 갖는다'는 주장으로 이어진다.[8] 이 불길한 예측에 입각하여 기술 공학적 모험에 맞서 수호해야 할 것들의 목록이 발견되는데, 그 방법론이 바로 요나스의 '공포의 발견술'이다. 요나스에 의하면 홉스의 발견술이 동시대의 인간들 사이에서 벌어지는 생존 경쟁과 관련한 '죽음에 대한 파토스적 공포'에서 비롯된 것이라면 그의 발견술은 기술 공학이 초래할지도 모를 부정적 미래 상황에 대한 '로고스적 공포'에서 비롯된다. 이 로고스적 공포는 전체 자연 및 인간과 관련된 공포이며 동시에 인간과 자연의 미래 지평과 관련된 공포이다. 이 공포의 내용은 간단하게 말해서 '인류의 종말'이다. 그리고 인류의 종말에 대한 공포가 '보호해야만 할 대상'으로 제시하는 제일의 '善'은 인류의 미래 존재이다. 요나스가 보기에 기술 공학 시대의 정언 명령은 간단히 말해서 '인류여, 존재하라'이며, 이를 구체화하면 다음과 같다.

　　너의 행위의 결과가 지상에서의 고귀한 인간 생명의 영속성과 양립할 수 있도록 행위하라.[9]

---

8) H. Jonas, *Das Prinzip Verantwortung*, Frankfurt am Main, 1979. 70-75. 이것의 한글 번역본, H. 요나스 지음, 이진우 옮김, 『책임의 원칙: 기술 시대의 생태학적 윤리』, 서울, 1994, 72-76. 참조.

9) *Das Prinzip Verantwortung*, 36(『책임의 원칙』, 40).

　요나스에 의하면 전통 윤리학은 위와 같은 명령을 자신의 과제로 삼을 수 없다. 왜냐하면 전통 윤리학은 집단적 행위가 아니라 개인적 행위만을,[10] 미래가 아니라 현재만을 문제삼고 있기 때문이다. 기술 공학의 발전이 공간적 측면에서는 생명계를 포함한 자연계 전체에, 시간적 측면에서는 그것의 미래에 영향력을 미치게 되었다는 사실은 윤리학에 새로운 과제를 제시한다. 인간의 힘에 자연계의 미래가 위탁되었다는 현실적 사태는, 요나스에 의하면, 자연이 그 자체로 도덕적 요구를 가질 수도 있다는 것을 우리에게 보여준다. 전체 생명 영역이 단지 우리를 위해서 존재하는 것이 아니라 그 자체로 고유한 권리를 가질 수 있다는 것은 윤리학의 토대에 있어서의 사고의 전환을 요구한다. 요컨대 기술 공학적 실천이 초래한 위기의 外延에 대해서는 탈인간 중심주의 윤리학만이 대처할 수 있다는 것이다. 요나스가 보기에 인간의 가치만을 문제삼고 있는 전통적 인간 중심주의 윤리학은 이와 같은 생태 위기에 대처할 이론적

---

10) 전통 윤리학이 집단적 행위가 아니라 개인적 행위만을 주목한다고 하는 요나스의 비판은 도덕적 규범의 적용 가능성에 관한 물음으로서 정치학의 문제에 해당한다. 집단적 실천에 대한 공적, 정치적 차원에서의 대응으로서의 (요나스) 생태윤리에 대해서는 김종국, 「생태 윤리와 공적 책임」, 『철학연구』, 29집, 고려대학교 철학연구소, 2005 참조. 그리고 개인주의 윤리학이 집단적 행위를 문제삼을 수 없다는 요나스의 주장은 대의 민주주의 정치 체제의 한계를 지적하는 것으로 이해해야 할 것이다. 왜냐하면 그가 말하는 개인주의 윤리학의 기획에서도 지배, 국가, 정치의 정당화의 방식들이 있기 때문이다. 그 대표적 예가 계약론적 정당화이다. 요나스는 계약론에 입각하여 생태 문제에 접근하는 방식에 대해 회의를 갖는다. 생태 위기에 대처하는 데 있어서 대의 민주주의가 갖는 한계에 대한 요나스의 지적으로는 *Das Prinzip Verantwortung*, 55-56(『책임의 원칙』, 58)참조. 요나스는 책임 윤리의 적용론에서 주로 마르크스주의를 논적으로 하여 자신의 주장을 개진한다. 이에 대해서는 소병철, 『한스 요나스의 맑스주의 비판에 대한 고찰』, 고려대학교 석사학위 논문, 1996 참고.

근거를 갖지 못한다.

이상에서 살펴본 요나스의 주장은 한마디로 개인주의 윤리학과 현재성의 윤리 및 인간 중심주의 윤리학은 인간을 포함한 생명의 미래 존재를 배려할 수 없거나 그 문제에 제대로 대처하지 못한다는 것이다. 자연과 인간 및 양자의 미래를 전통 윤리학이 문제삼을 수 없었던 이유는 전통 윤리학이 '그 본질이 호모 파베르(homo faber)로 변해 버린 인간'을 고려할 수 없는 시대적 한계에 묶여 있었기 때문이다. 인간 본성의 역동적 변화는 윤리학의 새로운 차원을 요구한다.

2. 요나스 윤리학의 과제

우리는 인류의 미래 존재가 과연 '명령'의 대상인지 자문해 볼 수 있다. 類로서의 인간은 존재를 명령받기 이전에 이미 사실상 존재를 추구하고 있다. 다시 말해 생존의 문제는 당위의 문제이기 이전에 이미 사실의 문제라는 것이다. 그러나 요나스에 의하면 전통적 윤리학의 자명한 전제였던 '인류의 미래 존재'가 굳이 의무로 떠오르고 그것을 근거지어야만 하는 이유는 허무주의적 대안의 선택 가능성 때문이다. 무반성적인 기술적 실천의 궁극적 귀결은 인류의 자살인데, 이 경우 왜 자살이 아니고 생존이어야만 하는가 하는 허무주의적 물음이 등장할 수 있다는 것이다. 이는 특히 후세대의 실존 조건이 인간적 생존 조건 이하의 것이라고 예측될 때 현세대가 제기할 수 있는 물음이다. 가령 '이렇게 사느니 차라리 죽는 것이 낫다', '이런 세상에서 자식을 낳는다는 것은 무책임한 일이다'라는 아우슈비츠의 한 유태인의 판단은 후손에게 인간답지 않은 삶을 물려주지 않겠다는 類의 결단으로 확대될 수 있다는 것이다. 그러므로 왜 인류가 미래에도 존재해야만 하는가 하는 물음이 근거지어지지 않는 한, 다시 말해서 존재해야만 할 것으로서의 인류가 근거지어지지 않는 한, 우리는 도덕적 허무주의에 대해 방어할 수 없다. 또한 자연이 인간을 위한 것으로서가 아니라 그 자체로 존재해야만 할 것으로 근거지어지지 않는 한, 우리는 인간 중심주의에 대해 방어할 수 없다는 것이다. 이제 요나스의 과제는 기술 공학 시대의 제1명법의 확정이라는 과제에 이어 그 명령을 근거짓는 것, 그것도 '아직 존재하지 않지만 미래에 존재해야만 할 것'의 권리를 근거짓는 것이다. 앞서 말했듯 요나스가 보기에 인류의 존재를 전제하고 인류의 존재 방식을 문제삼는 전통적 윤리학은 후손의 존재 방식을 후손의 생존보다 우선적인 것으로 보는 허무주의적 대안에 대해 대처하지 못한다. 그리고 아직 존재하지 않는 것에 대한 의무는 존재하는 것만 권리의 주체로 인정하고 권리를 의무의 裏面으로 보는 전통적 윤리학의 互惠主義에 의해서는 근거지어지지 않는다는 것이다. 요나스에 의하면 자식에 대한 부모의 책임은 책임의 원형이긴 하지만, 이 책임의 근거는 아직 직관적 명증성에 지나지 않는다. 뿐만 아니라 부모의 자식에 대한 책임은 자식이 있고 난 후에야 가능한 책임, 즉 자식을 낳은 장본인이라는 사실에서 비롯된 책임일 뿐, 후손을 존재하게 할 책임, 후손을 생산하는 자이어야 한다는 의무는 아직 아니다.

물론 후손의 현존재를 가정하고 그들로부터 예상되는 비난을 선취하여 우리가 미래 인류의 실존 조건에 대해 책임 있는 방식으로 배려하기 위한 근거로 사용하는 방안이 있을 수 있다. 이를테면 나의 손자 세대가 살 지구를 망가뜨려서는 안 된다는 호소에서 작용하고 있는 논증 방식이 이에 해당한다. 요나스에 의하면 이 경우에도 보호되어야 할 것은 후손의 책임 능력, 요나스 식으로 표현하자

면, '본래의 방식대로 존재할 권리(Soseinsrecht)'이다. 왜냐하면 이
경우, 즉 '후손의 존재를 전제하고 후손의 존재 방식에 대해 책임
있는 행위를 함으로써 후손의 미래 존재라는 제일의 의무를 만족시
키는 경우'에 있어서는 후손의 존재 방식에 대한 책임을 원천적으
로 제거할 수 있는 또 하나의 위험 요소가 배제될 수 없기 때문이
다. 그 위험 요소란 후손의 예상되는 호소나 비난을 유전 공학적
기술로 원천적으로 제거하는 것, 즉 유전자 조작에 의해 그들의 불
만과 비난 방식 자체를 없애는 것이다. 만일 미래 세대의 피해 의
식을 유전 공학적 조작에 의하여 事前에 만족감으로 바꾸어 놓는
것이 허용될 경우 미래 세대들의 불만에 대한 현세대의 책임은 없
어질 것이다. 따라서 요나스는 호혜성의 원칙에 입각한 사유 상의
실험에 의해 후손에 대한 책임을 정당화하는 경우에도 인간의 존재
론적 이념에 대한 책임이 우선이어야 한다고 주장한다. 이 사유상
의 실험에서 호혜성의 파트너는 가능한 후손의 존재 방식이 아니라
인간의 이념이다.

> 우리는 후세대의 예측된 *소망*에 조언을 구하고 있는 것이 아니
> 라 후세대들의 *당위*에, 즉 우리에 의해 만들어진 것이 아니요 후세
> 대와 현재의 우리를 넘어서 있는 그러한 당위에 조언을 구하고 있
> 는 것이다.[11]

> 우리는 제일의 명법과 더불어 미래 인간에 대해서 책임이 있는
> 것이 아니라 인간의 *이념*에 대해 책임이 있는데, 이 이념은 그것의
> 체현자들이 세계 내에 존재할 것을 요구한다.[12]

---

11) *Das Prinzip Verantwortung*, 89(『책임의 원칙』, 88). 그리고 '인류여, 존재
　　하라'라는 기술 공학 시대의 정언 명령이 種的 이기주의가 아닌 이유는,
　　요나스에 의하면, 그것이 생명 전체를 책임질 수 있는 유일한 존재로서
　　의 인류가 존재할 것을 명령하고 있기 때문이다.

결국 우리의 책임 대상, 즉 "실존해야 하는 사실(Daβ)과 실존해야 하는 본질(Was)이 똑같이 강조된"13) 인간의 이념은, 요나스에 의하면 행위 이론으로서의 윤리학 내에서가 아니라 그것의 밖에서 근거지어진다. 그것도 인간과, 인간 외적 생명의 가치를 포괄하는 영역, 즉 형이상학에 의해서만 근거지어질 수 있다는 것이다.14) 이처럼 요나스의 윤리학에 가장 특징적인 요소는 철학적 윤리학을 일원론적 형이상학 위에 구축한다는 점이다. 그 결과 요나스의 기획, 즉 인류의 미래 존재라는 善을 정당화할 때의 원칙과 그 원칙이 위치하는 형이상학은 논리 실증주의가 정형화했던 소위 근대 이래의 철학의 두 가지 금기와 애초부터 충돌한다. 그 두 가지 금기란 '존재로부터 당위를 도출해서는 안 된다'는 것과 '형이상학적 명제를 주장해서는 안 된다'는 것이다. 요나스에 의하면 '존재로부터 당위를 도출할 수 없다'는 주장은 먼저 "그 존재 개념이 가치중립적으로 ('가치와 무관하게') 기획되었기 때문에 동어 반복적 추론"15)이며 또한 '자연 과학적 존재 개념이 전체 존재 개념'이라는 형이상학을 전제하고 있다.16) 곧이어 형이상학의 금지와 윤리학과의 관계에 대

---

12) *Das Prinzip Verantwortung*, 91(『책임의 원칙』, 90).

13) *Das Prinzip Verantwortung*, 91(『책임의 원칙』, 91). 만일 인간의 생존과 도덕성이 충돌한다면 어느 쪽이 선택되어야 하는가? 이를테면 비도덕적이지 않으면 지구라는 구명정을 지킬 수가 없는 극단적 경우 어떠한 양자택일이 행해져야 하는가? 이에 대한 요나스의 입장에 대해서는 이글의 1부 3. 참조.

14) 물론 그의 형이상학은 전통적인 초월의 형이상학과도 다르고 칸트적 도덕 형이상학과도 다르다.

15) *Das Prinzip Verantwortung*, 92(『책임의 원칙』, 91).

16) *Das Prinzip Verantwortung*, 92(『책임의 원칙』, 91) 참조. 요나스가 보기에 우리 시대의 현실적 존재론들 중에서, 즉 데카르트적 이원론 이후의 일원론들(의식의 현상학과 연장성의 물리학) 중에서 그 진지함에 있어 존재론의 정당한 자격을 갖춘 것은 자연 과학적 유물론이다. 그 이유는

해 그는 다음과 같이 말한다.

> 그러나 형이상학의 가능성이 어떤 처지에 있건 간에 그러한 논
> 쟁은 지금 우리에 의해 탐구되고 있는 윤리학에 대한 *특별한* 반대
> 일 수 없다. 왜냐하면 모든 다른 윤리학, 즉 공리주의, 행복주의,
> 현세 윤리학 등에도 암묵적으로 하나의 형이상학이 들어 있기 때
> 문이다. ("유물론"은 그중 한 예이다.) 우리의 경우 특수한 것은 여
> 기에 내재하는 형이상학이 숨겨지지 않은 채 드러나 있다는 것이
> 다. 이러한 드러나 있음은 순전히 윤리적인 일에 대해서는 전술적
> 으로 불리하지만 진리의 사태에 대해서는 아마 장점일 것이다. 이
> 는 당위의 형이상학적 근거에 대해 설명해야 한다는 강제의 이점
> 이다.17)

요나스에 의하면 인류가 왜 미래에도 존재해야만 하는가 하는 물
음은 라이프니츠의 유명한 질문 '왜 무가 아니라 어떤 것이 있는
가?'와 관련된다. 인류의 미래 존재에 관한 물음은 존재냐 무냐 하
는 물음이지 존재가 전제되고 난 후 이런 상태냐 저런 상태냐 하는
물음이 아니므로 결국 이 물음은 '왜 무가 아니라 존재인가?' 하는
물음에서 그 의미를 획득한다는 것이다. 요컨대 인류의 존재와 관
련된 물음은 후자가 답해질 때에만 답해질 수 있다는 것이다. 그런
데 요나스에 의하면 라이프니츠의 질문은 인과적 원인(예를 들어

오직 그것만이 존재의 근원에 대한 물음을 제기하기 때문이라는 것이
다. 이에 대해서는 *Organismus und Freiheit*, 34-35(『생명의 원리』, 53-54)
참조. 그런데 이와 같은 연장성의 물리학이 갖는 방법론적 장점은, 요나
스에 의하면, 존재에 대해 최소 가정을 한다는 점에 있을 뿐이다. 이러
한 장점에도 불구하고 "방법론적 효용이 존재론적 결정과 혼동되어서는
안 된다"(*Das Prinzip Verantwortung*, 137(『책임의 원칙』, 133))고 요나스
는 주장한다.

17) *Das Prinzip Verantwortung*, 93(『책임의 원칙』, 92).

원인으로서의 神)을 묻는 질문일 수 없다. 즉 누가, 어떤 원인이 세계라는 결과의 원인인가 하는 물음일 수가 없다는 것이다. 왜냐하면 이때 선행하는 원인은 그것이 설령 신이라 할지라도 역시 존재자에 속하고 이 존재자로부터 물음의 내용, 즉 무와 존재가 설명되어야 하기 때문이다. 따라서 '왜 무가 아니라 어떤 것이 있는가?'라는 라이프니츠의 물음은 정당화하는 규범을 묻는 물음, 즉 존재한다는 것이 가치가 있느냐 하는 물음이다. 자기 원인으로서의 신을 선행하는 원인으로 내세운다 하더라도 '왜' 신은 세계를 창조했는가 하는 물음, 즉 정당화하는 규범을 묻는 물음이 남는다.[18]

결국 요나스는 세계 내에서 "신성한 것이라는 범주의 부활"[19]로 특징지어지는 존재론적 형이상학의 기획만이 근대 이래의 인간 중심주의와 그것의 존재론적 기반인 전통적(특히 기독교적) 형이상학을 극복할 수 있다고 주장한다.

> 아래의 시도는 더 이상 답해질 수 없는 형이상학의 마지막 (제일의) 질문으로 되돌아가서 그 자체로는 사실 근거지어질 수 없는 '어떤 것 일반'의 존재가 갖는 의미에 의거하여 특정한 존재의 당위에 대한 근거를 경험해야만 한다. 다음으로 이로부터 근거지어질 수 있는 윤리학은 서구의 전통적인 헬레니즘-유대-기독교적 윤리의 특징인 무분별한 인간 중심주의에 머물러 있을 수 없다. 현대 기술 공학에 내재하는 묵시론적 가능성들은 우리에게 인간 중심주의적 배타성은 하나의 선입견일 수 있고 최소한 검증을 필요로 한다는 것을 가르쳐 주었다.[20]

---

18) 요나스가 보기에 창조를 마친 후 신이 '보기에 좋았더라'라고 내린 판단에서 이미 정당화의 한 방식이 암시되고 있다. 이에 대해서는 *Das Prinzip Verantwortung*, 98(『책임의 원칙』, 97).

19) *Das Prinzip Verantwortung*, 57(『책임의 원칙』, 60).

20) *Das Prinzip Verantwortung*, 95(『책임의 원칙』, 94). 기독교와 생태 위기의

아래에서 나는 우선 도덕적 선을 근거짓는 요나스적 방식, 즉 도덕적 선을 존재론적 형이상학에 입각하여 근거짓는 방식을 추적하여 분명히 드러내고 다음으로 책임 능력을 인간학에 입각하여 확인하는 그의 주장을 살펴볼 것이다.

Ⅱ. 선 자체로서의 목적성

앞서 살펴본 대로 요나스에 의하면 기술 공학 시대의 定言的 규범은 공포의 발견술에 의해 비교적 용이하게 발견된다. '어떤 것에 대한 공포'가 '보호되어야 할 것'의 목록을 제시해 준다. 기술 공학적 실천의 결과에 대한 불길한 예측 및 이에 입각한 공포의 발견술에 의해 '인류의 미래 존재'가 보호되어야 할 '선'으로 드러났다. 이제 문제는 인류의 미래 존재를 감정에 호소하지 않고 명료한 원칙에 의거해서 이론적으로 정당화하는 것이다. 물론 이러한 정당화 과정에는 그의 주장대로 인간적 가치뿐만 아니라 인간 외적인 가치의 정당화도 포함되어야 할 것이다.

아래에서 나는 요나스의 가치 존재론을 검토하면서 먼저 1.에서 요나스가 제시하는 선 자체와 그것의 원칙에서 시작할 것이다. 다음으로 2.에서 이러한 원칙이 어떻게 가능한가 하는 물음에 대한

관련성에 관한 고찰로는 L. White, The Historical Roots of Our Ecologic Crisis, in: C. Mitcham ed., *Philosophy and Technology,* 259-265 참조. 그에 의하면 라틴 기독교적 전통하의 근대 과학이 생태 위기의 뿌리이다. 그리고 '생태 위기의 근원으로서의 기독교'라는 주장에 대한 반론으로는 R. Attfield, *The Ethics of Environmental Concern*, Oxford, 1991, 20-33 참조. 애트필드는 구약 성서에 나타난 '청지기의 사명을 맡은 인간'을 적극 부각시키고 있다.

요나스의 답변, 즉 '직관적으로 자명한 것으로서의 선의 원칙'이라
는 그의 주장을 검토할 것이다. 마지막으로 3.에서 이러한 원칙에
입각하여 '의무화하는 것'으로 승인될 선 자체의 목록을 살펴볼 것
이다. 특히 인간 이외의 존재가 도덕적 권리의 주체일 수 있는 이
유에 대한 요나스적 해명이 소개될 것이다.

1. 선 자체의 원칙으로서의 목적성 우위의 원칙

선 자체에 대한 요나스의 정의에서 시작해 보자.

> 어떤 것이 충동이나 본능 혹은 의지에 영향을 미침으로써, 스스
> 로 자신의 실현을 추구하든 추구하지 않든 상관없이, 존재*해야만
> 한다*고 말하는 것은 의미가 있는가? 우리는 "선 자체"가 그러한 어
> 떤 것이라고 말한 바 있다.[21]

분명한 것은 요나스가 '선 자체'로 지시하고자 하는 것이 '주관적
조건으로부터의 독립성'이라는 것이다. 이러한 가치 실재론적 입장
에서 요나스가 '선 자체'로 지시하고자 하는 또 다른 의미는 '실제
로 추구되는 것이 아니라 존재해야만 하는 것'이라는 의미이다. 설
령 모든 사람에 의해 추구되는 실제의 최고 목적이라 할지라도 이
는 아직 권리의 주체로서의 선 자체가 아니며 따라서 "명령의 권위
가 아니라 원인의 힘"[22]만을 지닐 뿐이다. 그렇다면 객관적으로 존
재하는 권리로서의 선 자체란 구체적으로 무엇인가?

---

21) *Das Prinzip Verantwortung,* 154(『책임의 원칙』, 149).
22) *Das Prinzip Verantwortung,* 159(『책임의 원칙』, 154).

특정 목적에 대해 타당한 사실 —즉 목적의 현사실성(Faktizität)이
먼저이고 이 목적과 관련한 선·악의 효력은 두 번째이며, 그러한 선
·악의 효력은 목적에 의해 (사실적으로) 결정되기는 하지만 (권리상
으로) 정당화되지는 않는다는 사실— 은 한 존재의 존재론적 특성인
"목적성"(Zweckhaftigkeit) 자체에 대해서도 타당한가? 후자의 경우에
는 사정이 다른 것처럼 보인다. 일반적으로 목적을 가질 수 있는 능력
에서 우리는 선 자체를 볼 수 있다……23)

위에서 요나스 자신이 정의한 데 따르면 목적성이란 목적을 가질
수 있는 능력이다. '목적'이 아니라 '목적을 가질 수 있는 능력'이란
점에 주목해야 한다. 이를테면 행복이 우리의 목적이라면 목적성은
행복이라는 목적을 추구할 수 있는 능력이다. 특기할 만한 것은 요
나스에 의하면 이러한 목적 추구 능력은 인간뿐만 아니라 인간 외
적 존재도 갖는다는 것이다. 목적성의 외연을 인간 외적 존재에까
지 확장하는 이러한 존재론적 입장은 미래 인류의 존재 권리뿐만
아니라 생명 일반의 존재 권리를 주장하는 탈인간 중심주의적 기획
에 결정적으로 중요한 요소이므로, 우리는 '목적성에서 선 자체를
볼 수 있다'는 주장을 검토하기에 앞서 이 존재론적 입장을 간략하
게나마 살펴보아야 한다.

일반적으로 모든 존재를 통틀어 목적을 정립할 수 있는 능력의
주체는 사유 능력의 유일한 소유자인 인간에게 국한된다. 물론 요
나스도 이에 동의한다. 그러나 그는 목적을 '정립하는' 능력의 주체
만이 목적의 소유자, '목적을 추구하는 능력의 주체', '목적성의 주
체'라는 데에는 반대한다. 정립된 목적의 주체뿐만 아니라 주어진
목적의 주체(예를 들면 인간 이외의 생명)도 목적성의 주체라는 것
이다. 그리고 설령 주어진 목적이라 하더라도 그것이 추구의 대상

---

23) *Das Prinzip Verantwortung,* 154(『책임의 원칙』, 149).

인 한 그것의 달성은 善이고 실패는 禍이므로, 만일 인간 이외의 생명적 존재자들이 주어진 목적을 추구하는 능력의 주체라면 그들은 동시에 가치 정립[24]의 주체이기도 한 것이다.

그러나 요나스에 의하면, 인간을 포함한 생명 일반이 목적을 가지며 따라서 가치 정립적 목적성을 가진다 하더라도 사실로서의 목적성이 바로 존재해야만 할 것으로서의 목적성, 선 자체를 의미하는 것은 아니다. 일반적으로 말하자면 존재가 목적성을 갖는다는 사실이 바로 그 목적성이 가치 자체라는 것을 의미하는 것이 아니라는 것이다. 요나스에 의하면 이는 '모든 인간이 행복을 추구한다'는 것이 '인간이 행복에 대한 권리를 갖는다'는 것의 강력한 전제이긴 하지만 아직 행복 추구 권리 그 자체를 정당화하지는 못하는 것과 마찬가지이다. 요컨대 세계 내에 목적성이 실제로 존재한다 하더라도 왜 무목적성이 아니라 목적성이어야만 하는가 하는 물음[25]에 사실로서의 목적성만으로는 대답할 수 없다는 것이다. 그러므로 '목적성에서 선 자체를 볼 수 있다'는 요나스의 주장은 오직 가치론적 정당화에 의해서만 근거지어질 수 있다. 목적성과 무목적성의 관계에서 전자의 권리가 확보되어야만 하는 것이다.

> 일반적으로 목적을 가질 수 있는 능력에서 우리는 선 자체를 볼 수가 있는데 이 선 자체에 대해서 직관적으로 확실한 것은 그것이 (즉 목적을 가질 수 있는 능력이) 존재의 모든 무목적성보다 무한히 우월하다는 것이다. 이것이 분석 명제인지 종합 명제인지 내겐 확실치 않다. 그러나 이 명제가 자명하게 내포하고 있는 의미의 배후를 우리는 결코 캐물을 수 없다.[26]

---

24) *Das Prinzip Verantwortung*, 153(『책임의 원칙』, 148) 참조.

25) 인간이라는 목적성의 경우 이 물음은 '왜 인류는 자살해서는 안 되고 존재해야만 하는가?'라는 형태로 제기된다.

결국 요나스에 의하면 목적성의 무목적성에 대한 절대적 우위라는 원리 위에서만 목적성은 그 자체로 가치를 갖는 것, 주관적 조건으로부터 독립하여 권리를 갖는 것, 따라서 '의무화하는 것'(das Verpflichtende)일 수 있다. 라이프니츠의 물음, 즉 존재한다는 것은 가치 있는 것인가 하는 물음에 요나스는 '무에 대한 존재의 우위'로 대답한다.[27]

2. 직관의 사태로서의 목적성 우위의 원칙

요나스에 따르자면 우리가 목적성에서 선 자체를 볼 수 있는 것은 '목적성이 무목적성보다 무한히 우월하다'는 원칙이 목적성에 내재해 있기 때문에 가능한 것이다. 그렇다면 이 원칙은 어떻게 가능한가? 이 물음은 선 자체로서의 목적성이 과연 현실적임을 입증할 수 있느냐 하는 물음과 동일하다. 앞서 살펴보았듯이 요나스는 목적성 우위의 원칙을 분석 명제에 비견할 만한 명증성을 가진 것으로 본다. 그러나 이 원칙은 목적성의 정의가 '무목적성보다 우월한 것'인 경우에만 분석 명제일 것이므로 요나스의 이러한 발언은 원칙의 자명성을 역설하기 위한 방편일 수도 있다. '목적성'과 '무목적성보다 우월한 목적성'의 동일화는 '나는 나다'에서 표현되는 동일화는 아니기 때문이다. 그렇다면 목적성과 '무목적성보다 우월한 목적성'을 동일화하는 능력은 무엇인가? 요나스에 의하면 그것이 직관 능력이다. 목적성 우위의 원칙은 세계 내의 사태에 대한 직관에 의해 가능한 것이다.

---

26) *Das Prinzip Verantwortung*, 154(『책임의 원칙』, 149). 괄호 안은 나.

27) 신이 존재를 창조했기 때문에 존재가 선한 것이 아니라 '존재가 無보다 무한히 우월하다'는 원리에 입각하여 신이 존재를 선한 것으로 판단했기 때문에 세계를 창조한 것이다. 한마디로 善은 신의 의욕의 단순한 피조물이 아니라 신적 판단의 사태라는 것이다.

　　선 자체라는 개념의 내용에 따른 그 개념의 일차적 규정 및 그
개념이 현실에 뿌리박고 있다는 사실은 바로 그 개념의 공리적 위
엄에 내포된 내용, 즉 이미 존재에 의해 예시된 내용을 직관하지
않고서는 밝혀질 수 없다. 무목적성에 대한 목적 자체의 우위
(Überlegenheit von Zweck an sich über Zwecklosigkeit)가 바로 그러한
내용이다.28)

　　결국 요나스에 따르면 목적성은 사실적으로 인식될 수 있으며 따
라서 목적론에 속하지만 선 자체로서의 목적성은 직관에 의해서만
인식될 수 있으며 따라서 가치론에 속하는 것이다. 물론 목적성 우
위의 원칙은 사실로서의 목적성을 떠나 존재하지 않는다. 그럼에도
불구하고 선 자체로서의 목적성은 사실로서의 목적성과 다른 것이
다. 따라서 선 자체로서의 목적성은 사실에 내재한 가치로서 단순
한 존재론적 사태 이상의 것, 즉 형이상학적 사태라고 말할 수 있
다. 이러한 의식 外的ㆍ형이상학적 사태에 직관이 대응하는 것이다.
요나스는 직관의 대상인 의식 외적 사태를 다음과 같이 예시하고
있다. 먼저 존재 전체의 경우를 보면,

　　존재는 각각의 목적 내에서 자기 자신에 찬성하고 무에 반대한
다. …… 존재가 자기 자신에 무관심하지 않다는 단순한 사태는 비
존재와 자신의 차이를 모든 가치들 중의 근본 가치로, 제일의 긍정
일반으로 만든다.29)

　　다음으로 목적성 우위의 원칙은 생명에서 가장 명시적으로 드러
난다. 요나스에 있어 생명은 자연의 목적일 뿐만 아니라 '목적 그
자체, 자신의 고유한 목적'이다.

---

28) *Das Prinzip Verantwortung*, 155(『책임의 원칙』, 150).

29) *Das Prinzip Verantwortung*, 155(『책임의 원칙』, 150).

> 그리고 바로 여기서, 죽음에 대한 생명의 반대를 통해, 존재의 자
> 기 긍정이 뚜렷하게 부각된다. 생명은 존재의 비존재와의 명시적 대
> 결이다 …… 생명의 존재 양태는 행위를 통한 보존이다. 모든 추구
> 의 긍정은 여기서 비존재에 대한 능동적 부정에 의해 첨예화된다.[30]

이처럼 존재나 생명에 있어 윤리학의 토대가 되는 직관의 사태는
'존재나 생명이 無(Nichts)에 반대한다는 것'이지 '존재와 생명이 목적
성을 갖는다는 것'이 아니라는 것에 우리는 다시 한 번 주목해야 한다.

그러나 이와 같은 '가치의 형이상학적 정초'에 대해 회의주의자들
은 선 자체로서의 목적성을 파악할 직관이 자신들에게는 도무지 없
으며 따라서 무목적성보다 우월한 목적성은 그다지 자명하지 않다
고 주장할 수도 있다. 나의 판단으로는 이렇게 직관의 사태를 거부
하는 경우 요나스에게는 더 이상 이 원칙을 증명할 도리가 없다.
그가 보기에는 명확한 것 같은 직관적 사태가 부정될 때 궁극적으
로 문제는 선택의 문제로 전락할 수 있다. 요나스 자신이 이 원칙
의 배후를 캐묻는 것이 불가능하다고 말했기 때문이다. 다만 그는
이러한 원칙을 부정하는 것이 자기 모순임을 보여줌으로써 이 원칙
을 간접적으로 옹호하고 있는데 이러한 간접적 증명은 나의 판단으
로는 다음과 같은 두 가지 발언에서 드러나고 있다.

> 존재는 각각의 목적 내에서 자기 자신에 찬성하고 무에 반대한
> 다. 이러한 존재의 발언에 대해서는 어떠한 반대 발언도 있을 수
> 없다. 왜냐하면 존재의 부정조차도 하나의 관심과 목적을 드러내기
> 때문이다. ……무관심한 존재란 무의미라는 오점과 결부되어 있기
> 때문에 더 불완전한 무의 형식일 것이며 따라서 원래 표상할 수도
> 없는 것이다.[31]

---

30) *Das Prinzip Verantwortung*, 157(『책임의 원칙』, 152).

목적을 가짐(Zweckhaben)의 가치를 부인하는 涅槃(Nirvana) 이론
만이 이 명제에 反立할 수 있지만 이 경우 열반 이론은 또 다시
목적으로부터의 해방이라는 가치를 긍정하며 스스로 이 해방을 목
적으로 삼는다.[32]

우리는 요나스가 위의 인용문을 통해 예상되는 반론의 모순을 지
적하고 있음을, 즉 원칙에 대한 간접적 증명 방식을 채택하고 있음
을 확인할 수 있다. 다시 말해서 첫 번째 인용문에서 '무관심한 존
재'는 '무관심한 관심'과 같이 무의미하다는 것이다. 왜냐하면 요나
스에 의하면 존재는 자기 관심이기 때문이다. 두 번째 인용문에서
모순은 '목적성을 부정하려는 목적성' 또는 '목적으로부터의 해방이
라는 목적'이다. '무목적성보다 우월한 목적성'을 부정하려는 자는
최소한 부정하려는 목적성을 우위에 두고 있다는 것이다. 요나스는
첫 번째 인용문에서는 의미상의 모순을, 두 번째 인용문에서는 일
종의 수행적(performativ) 모순을 지적하고 있는 것 같다.[33]

가치 존재를 존재적 형이상학에 의해 근거짓고자 하는 요나스의
이러한 시도는 사실 칸트의 기획과 선명하게 대비된다. '이성의 사

---

31) *Das Prinzip Verantwortung*, 155, 156(『책임의 원칙』, 150, 151).

32) *Das Prinzip Verantwortung*, 154(『책임의 원칙』, 149).

33) 만일 존재와 자기 관심이 동의어라면 무관심한 존재란 마치 '둥근 사각
형'이 그러한 것처럼 의미론상으로 자기모순이다. 그리고 만일 어떤 사
람이 (논변을 통해) 목적성의 가치를 부인하려 한다면 그는 '목적성을
부정하려는 목적성'을 가지고 (논변하고) 있기 때문에 화용론적 모순을
범하고 있다. 나는 간접적 논증의 이러한 두 번째 방식이 '우리는 왜 도
덕적이어야 하는지를 묻는 물음은 이미 그 물음의 제기자가 도덕적인
경우에만 제기할 수 있는 물음이다'라고 한 아펠의 논증과 유사하다고
생각한다. 그런 점에서 요나스와 아펠의 논증은 '배후를 캐물을 수 없
음'(Unhintergehbarkeit)을 일종의 최후 정초로 상정한다는 점에서 공통점
을 갖는다.

실'로 의식 내에서만 자각되는 칸트적 도덕 법칙, 인격 신, 양심이 아니라 '세계 내에서 대상적으로 직관되는' 그 자체로 선한 것이 도덕적 요구의 주체라는 것이다.[34]

> 책임은, 어떤 것에 대한(für) 책임일 뿐만 아니라 어떤 것 앞에서의(vor) 책임 – 의무화하는 판단 기준(Instanz) 앞에서의 책임이다. 이 판단 기준 앞에서 판정이 이루어지는 것이다. 우리가 더 이상 어떠한 신적인 것도 믿지 않는다면 이 판단 기준은 양심일 것이다. 그러나 양심에서 멈춰 버릴 경우 우리는 다음과 같은 물음, 즉 그렇다면 양심은 무엇에 의거해서 자신의 기준을 가지며 양심의 결단은 어떤 근원에 의해 승인되는가 하는 물음을 제대로 다루지 않는 셈이다. 무엇 앞에서, 그리고 누구 앞에서 우리는 우리의 양심 내에서 책임이 있는가? 바로 이 책임의 대상(Wofür)에서 책임의 판단 기준(Wovor) 또한 발생하는 것은 아닌지 살펴보자.[35]

나의 관심사는 요나스가 칸트적 도덕성을 부정하고 도덕성의 근거를 대상적인 존재로 전적으로 환원했는지, 아니면 도덕성의 대상적 기원과는 별도로 의식 내의 근거인 양심을 용인했는지 하는 문제이다. 기원으로서의 목적성과 근거로서의 도덕 법칙이 양립 가능한지의 문제를 우리는 뒤에서 다룰 것이다.

일단 여기서 우리가 짚고 넘어가야 할 것은 선 자체로서의 목적성에 인간 이외의 자연적 생명도 포함된다고 하는 요나스의 주장이다. 사실 의무의 대상인 동시에 의무화하는 것이 '인간이라는 목적성'에 국한된다면, 아마도 요나스의 '목적성이 선 자체이다'라는 주장은 쉽게 동의될 수 있을지도 모른다. 왜냐하면 인간의 목적성이

---

34) *Das Prinzip Verantwortung*, 162(『책임의 원칙』, 157) 참조.

35) H. Jonas, *Philosophische Untersuchungen und Metaphysische Vermutungen*, Frankfurt am Main, 1992, 132.

란 도덕적 목적의 정립 능력을 포함하는 것이고 도덕적 목적 정립 능력은 도덕적 목적의 가능 조건이므로 목적 자체, 가치 자체, 선 자체로 자연스럽게 번역될 수 있을 것이기 때문이다. 그러나 인간 이외의 생명적 자연이 가진 목적성도 '동일한 의미에서' 가치 정립 능력인가? 물론 아닐 것이다. 따라서 우리는 우선 인간 외적 목적성을 사실적 차원에서 구체적으로 고찰해 볼 필요가 있다. 그런 후에야 우리는 '선 자체인 인간 외적 목적성'과 '선 자체인 인간의 목적성'이 어떤 관계에 있는가 하는 문제를 제기할 수 있을 것이다. 이 문제는 인간 외적 목적성과 인간의 목적성 간에 존립하는 도덕적 권리의 차이의 문제이다. 또한 인간은 동물인 동시에 동물 이상의 존재이므로 우리는 인간 내에서 이 두 목적성의 관계가 어떻게 정립되는가 하는 문제도 살펴볼 것이다. 다시 말하자면 이 문제는 서로 질적으로 구별되는 두 가지 목적성, 즉 전략적 가치 추구 능력과 도덕적 가치 추구 능력 간에 권리상의 우열이 있는지 없는지에 대한 문제이다. 이상의 문제를 검토한 후 우리는 마지막으로 도덕적 가치 추구 능력의 두 종류, 즉 요나스의 책임성과 칸트의 자율성 간의 관계 문제에 접근할 수 있을 것이다.

■ 補論: 요나스의 목적론적 자연관

요나스에 의하면 생명 윤리는 존재론적 전환을 전제한다. 윤리적 대상에 자연적 생명도 포함시키려면 우선 윤리학의 토대인 존재론에서 생명 일반이 다루어져야만 하는 것이다.

윤리학의 토대인 존재론은 철학의 근원적 관점이었다. 양자의 분리, "객관적인" 영역과 "주관적인" 영역의 분리는 근대의 운명이다.

양자의 재통일은 가능하다면 오직 "객관적" 측면을 준거로 해서만 성취될 수 있다.[36]

이제 윤리적 관심을 잠시 접어 두고 윤리학의 토대가 되는 그의 존재론을 고찰해 보자. 먼저 나는 ① 요나스가 근대 이래의 지배적 생명관과 비판적으로 대결하면서 자신의 생명주의를 옹호하는 과정을 간략히 살펴볼 것이다. 아울러 생명주의의 복권을 위한 그의 방법론, 즉 神人同形論(Anthropomorphismus)[37]에 대한 그의 옹호도 소개될 것이다. 다음으로 ② 자연 과학적 인과율과 생명의 목적론이 어떠한 관계에 있는가 하는 문제에 대한 요나스 자신의 해명을 들어볼 것이다. 양자를 동일한 차원에 있는 것으로 본다면 양자의 충돌은 불가피할 것이고 결국 양자택일만이 강요될 것이다. 그러나 양자가 서로 다른 차원에서 성립하는 것이라면, 양자는 양립 가능할 수도 있을 것이다.

요나스에 의하면 자연 과학적 유물론의 불충분성은 그것이 생명이라는 핵심 현상을 설명할 수 없다는 사실에서 드러난다. 이런 점에서 생명(유기체)은 어떤 존재론이 學으로서 성립할 수 있는지를 판가름하는 기준이다. 근대의 생명관, 특히 데카르트적 심신 이원론

---

36) H. Jonas, *Organismus und Freiheit*, Göttingen, 1973. 341. 이것의 한글 번역본, 한스 요나스 지음, 한정선 옮김, 『생명의 원리: 철학적 생물학을 위한 접근』, 아카넷, 서울, 2001, 519.

37) 신인동형론은 원래 神性의 인간 형태적 파악을 의미한다. 그러나 별, 돌, 나무, 동물 등을 성스러운 것으로 파악하는 신화적 사유에도 역시 신의 인간적 형태에 대한 표상이 자리 잡고 있다. 이 점에서 신인동형론은 '의인관'의 의미를 포함한다. 물론 사물에 신성이 깃들어 있다고 보는 신인동형론은 그저 사물이 살아 있다고 보는 물활론(Hylozoismus) 이상의 것이다. 이상 G. Lanczkowski, Anthropomorphismus, in: Joachim Ritter hg., *Historisches Wöterbuch der Philosophie*, Schwabe, Basel, 1971, Bd. 1, 376-378 참조.

후의 유물론, 즉 연장성의 물리학 및 그것의 발전 형태인 사이버네틱 이론은 본질적으로 '동물은 자동 기계이다'라는 데카르트적 입장38)을 벗어나지 않는데, 이들 입장에 따르면 고등 동물에서 명백히 관찰되는 추구(Streben)는 단순히 긴장의 해소, 엔트로피 법칙의 실현 과정에 불과한 것이 되며 궁극적으로는 인간의 자의적 행위도 자극과 반응의 체계로 환원된다. 요나스에 의하면 동물에게 목적 추구성이 있다는 사실을 부정하는 주장, 즉 동물에게 주관성이 있다는 사실을 부정하는 주장에 대해서는 개를 키워 본 경험이 있는 사람이라면 누구나 말도 안 되는 소리라고 비웃을 수 있다.39) 그래서 요나스는 '객관적 주관성'을 역설하여, "주관적인 것의 현존 자체가 세계 내의 객관적인 사태이다"40)라고 주장하고, 동물에게 의지가 없다고 해서 동물의 행동이 비자의적이라고는 말할 수 없다고 주장한다.41)

인간과 고등 동물 내에 주관성이 현존한다는 것이 의심의 여지가

---

38) 데카르트의 동물 기계론에 대한 요나스의 비판은 *Organismus und Freiheit*, 85-91(『생명의 원리』, 2001, 127-135) 참조.

39) *Das Prinzip Verantwortung*, 124(『책임의 원칙』, 121) 참조. 데카르트에 있어 유일한 주관성은 이성일 뿐이다.

40) H. Jonas, *Materie, Geist und Schöpfung*. Frankfurt am Main, 1988, 31. 이것의 한글 번역본, 한스 요나스 지음, 김종국·소병철 옮김, 『물질·정신·창조─우주의 기원과 진화에 관한 철학적 성찰』, 서울, 2007, 63.

41) 요나스에 의하면 隨意(恣意), 不隨意는 완전한 형태의 의지를 갖는 인간의 행위와 그렇지 않은 동물의 행위를 구분하는 기준이 못 된다. 비록 인간과 같은 명확한 형식은 아니지만 동물적 심리도 역시 목표 정립적이며, 따라서 그들의 행위도 수의적 행위이다. '불수의'의 경우란 유기체의 중앙 통제에 의존하지 않는 경우, 즉 소화나 심장 박동 등의 경우처럼 운동이 자동으로 일어나는 경우를 말한다. 이상 *Das Prinzip Verantwortung* 125(『책임의 원칙』, 121) 참조. 물론 요나스가 보기에 이러한 자동성도 목적성을 배제하지는 않는다.

없는 사실이라면 문제는 심리적인 것과 물리적인 것의 관계를 어떻게 설정하느냐 하는 것이다. 그에 의하면 먼저 영혼 없는 육체로부터 육체 없는 정신을 추론해 낸 모든 이원론은 생명에 있어서의 심신 통일과 심신의 상호 越境을 결코 만족스럽게 설명할 수 없다. 예컨대 관념론적 심신 병행설은 이와 같은 주관성(동물의 경우에는 동물적 심리, 인간의 경우에는 사유)에 의한 신체 규정을 설명하지 못한다는 것이다. 심신의 상호 작용, 상호 월경은 주관성의 입지를 마련하기 위한 미봉책인 심신 병행설이 오류임을 드러내 주는 현상들이다. 다음으로 유물론의 부수 현상설은 동물의 恣意的(willkürlich) 행위와 '사유에 의해 목적을 정하고 신체 기관을 사용하여 이를 실행하는 인간의 행위'를 설명할 수 없다. 왜냐하면 부수 현상설의 핵심 주장은 주관성이 無力하다는 것인데, 동물이나 인간의 경우 주관적인 것이 물리적인 것, 즉 신체라는 기관(Organ)에 능동적으로 영향을 미친다는 것이 확인되기 때문이다.42)

그러면 이러한 객관적 주관성은 도대체 어떻게 가능하게 되었는가? 이 물음을 던지면서 요나스는 물리적 필연성을 넘어 어떻게 목적론을 복권시킬 것인가 하는 문제로 넘어간다. 그는 동물과 인간에서 목격되는 자의적 영역에서는 물론이거니와 식물적 영혼43)뿐만 아니라 의식의 밑바탕에 있는 무의식적이고 비자의적인 생명 영역,

---

42) 부수 현상설에 대한 비판으로는 H. Jonas, *Macht oder Ohnmacht der Subjektivität?*, Frankfurt am Main, 1987, 35-63 참조. 요나스에 의하면 현대 과학이 생명을 물질로 환원하는 태도를 고집하는 한, 결국에는 '불합리한 것으로의 환원'으로 귀착된다.

43) 식물에서 동물로의 발전 과정은 요나스에 의하면 중앙 집중화의 증가 과정, 접촉계의 확대 과정으로서 자유의 신장 과정이지만 동시에 수명 단축의 과정, 可死性의 위험이 심화되는 과정이기도 하다. 자유의 대가는 죽음의 가능성이다. 이상 *Organismus und Freiheit*, 151-163(『생명의 원리』, 225-240). 참조.

이를 테면 소화 기관 또는 유기체의 최소 단위인 세포에서도 목적이 작용하고 있다는 것을 보여주려고 한다. 더 나아가 그는 무생명적 자연도 목적과 관련하여 설명하려고 한다. 그런데 여기서 요나스는 체험적 명증에 호소함에 의해서 직접적으로 자신의 주장을 전개하지 않고 상대 입장의 한계, 즉 관념론적 이원론과 자연 과학적 일원론의 한계를 지적함으로써 자신의 주장을 전개한다. 우선 데카르트적 심신 이원론에 입각하면 주관성은 특정 기회에 '물질에 낯선 정신의 원칙'이 외부에서 느닷없이 개입(신이 갑작스럽게 개입)함으로써 출현한다.44) 그러나 이러한 입장은 생명이 물질로부터 진화했다고 주장하는 현대 진화론 앞에서 無力하다. 뿐만 아니라 요나스에 의하면 세계 내에서 목격되는 생명의 연속성은 정신이 외부로부터 돌연히 개입하지 않았음을 반증해 주는 사례이다. 다른 한편 주관성의 출현에 관한 유물론의 입장은 물질로부터 우연한 기회에 영혼이 등장한다는 창발론(Emergenz – Theorie)인데, 요나스가 보기에 이 입장은 우선 초월적 요인을 배제한다는 점에서 데카르트적 이원론보다는 낫다. 그러나 창발론도 역시 물질로부터 정신이 비약적으로 출현한다고 보는 한 난점을 피할 수 없다. 창발론의 '갑작스런 비약'은 아리스토텔레스적 '연속'에 의해 완화되어야 한다는 것이다.

도약처럼 보이는 것은 실은 연속이다. 열매는 뿌리 속에 미리 형성되어 있다. 느낌, 의욕, 생각 속에서 *가시화*되는 "목적"은 눈에 보이지는 않지만 그때까지의 성장 속에 이미 현존하고 있었다

---

44) *Das Prinzip Verantwortung*, 132(『책임의 원칙』, 128). 참조. 정신의 출현 및 물질과 정신의 관계에 대한 데카르트(와 스피노자)의 입장은 *Materie, Geist und Schöpfung*(『물질 · 정신 · 창조』, 10장(11장)에서도 언급되고 비판된다. '세계의 영원성'이라는 스피노자의 주장은 오늘날 의심스러운 것이 되었다는 것이 요나스의 생각이다.

　　…… 그렇다면 성장은 실제로 목적을 지향하고 있었던 셈이다. 다시 말해 그러한 성장에는 언젠가 등장할 "새로운 것"에 대한 선행하는 잠재력이 있음을 인정해야만 한다…… 45)

한마디로 우리가 진화의 연속성을 승인하는 한, 우리는 물질에 주관성을 향한 경향성이 있음을 인정해야만 한다는 것이다. 동물이나 인간의 심리와 같은 주관성은 물질, 素材(Stoff)의 목적이며, 따라서 소재도 목적 추구성을 갖는다는 것이다. 결국 주관성을 물질의 목적 실현으로 보는 이러한 요나스의 입장은 '주관 없는 것이라고 해서 목적 없는 것은 아니다'라는 주장으로 요약된다. 이런 맥락에서 보면 창발론이 가정하는 돌연성은 생명과 무관한 것에 의거해서 생명을 설명하려 했기 때문에 생긴 불합리에 불과하다. 그렇다면 남은 길은 생명의 관점에서 무생명적인 것을 해석하는 것, 즉 의인관 외에는 없다.

　여기서 부각되는 문제, 즉 가장 넓은 의미에서의 擬人主義(Anthro-pomorphismus)라는 문제도 역시 존재론에 속한다. 자연과 관련하여 모든 의인주의와 擬動物主義(Zoomorphismus) 일반을 금지하는 것, 절대적이라는 점에서 특히나 이원론적이고 포스트 이원론적인 이러한 금지는 이와 같은 극단적 형식을 띠면 하나의 선입견으로 드러날 수 있다. 아마도 그 의미만 올바르게 이해한다면 인간은 만물의 척도이다. 그러나 인간이 만물의 척도인 이유는 이성이 법칙을 부여하기 때문이 아니라 인간의 심신적 총체성이 하나의 본보기가 되기 때문이다. 인간의 심신적 총체성은 우리에게 알려진 구체적인, 존재론적 완전성의 최대 형태이다. 이 최대로부터 존재의 계층들이 단순한 원질이라는 최소에 이르기까지 점진적인 존재론적 후퇴를 거치면서 환원적으로 규정되는 것이지 이 원질에 기초해서 누적적

---

45) *Das Prinzip Verantwortung*, 135(『책임의 원칙』, 130-131).

부가를 통하여 가장 완전한 것이 구축되는 것은 아니다.[46]

결국 물질과 관련한 요나스의 주장은 베이컨이 종족의 우상(idola tribus)으로 지목하여 물질로부터 추방한 목적인을 다시 복권시켜야 한다는 것이다. 그가 보기에 흄이 세계 내의 인과율을 회의한 것이나 칸트가 인과율을 현상계에만 적용될 수 있는 것으로 본 것[47]은 이처럼 목적인과 생명을 물질로부터 추방한 데서 연유하는 필연적 귀결이다.

이러한 진화의 연속성의 원칙과 의인관에 입각하여 요나스는 소화 기관을 목적의 소유와 사용이 바로 기관 내에서 일치하는 자기 목적으로 보아야 한다고 주장한다.[48] 신경의 중앙 통제 장치는 목적

---

46) *Organismus und Freiheit*, 38-39(『생명의 원리』, 59). 이와 관련해서 프로타고라스의 인간 척도설을 주관주의로 해석해서는 안 된다는 하이데거의 주장 참조. M. 하이데거 지음, 최상욱 옮김, 『세계상의 시대』(원제 *Die Zeit des Weltbildes*), 서울, 1994, 79.

47) 특히 칸트를 언급하면서 요나스는 설령 인과율에 대한 선험적 연역이 성공한다 할지라도 그것은 말하자면 원인(Ursache)과 결과(Wirkung)에 대한 참된 설명을 목표로 하는 것이 아니라 근거(Grund)와 결론(Folge)의 제시를 목표로 할 뿐이라고 주장한다. 결국 요나스는 심신 통일로서의 생명, 그것의 현존재인 우리의 신체가 경험의 최소 단위가 되어야 한다고 주장한다. 신체가 세계 질료의 저항을 극복하면서 수립하는 역동적 세계상을 통해서만 최소한 인식론적으로 세계 내의 힘과 결과에 관한, 즉 만물의 작용적 연관에 관한 표상을 획득할 수 있기 때문이다. *Organismus und Freiheit*, 37-38(『생명의 원리』, 58) 참조. 그리고 이러한 작용적 연관을 경험하는 기초 지각은 '역동적 내용을 중립화하는 시각'이 아니라 '힘의 당함과 행함이 구별되는 촉각'이다. *Organismus und Freiheit*, 48(『생명의 원리』, 73-74) 참조. 그리고 이 문제와 관련하여 R. Löw, Zur Wiederbegründung der organischen Naturphilosophie durch Hans Jonas, in: D. Böhler hg., *Ethik für die Zukunft*, München, 1994, 70-73 참조.

48) 소화 기관을 일종의 자기 목적으로 볼 수 있느냐 하는 것은 궁극적으로 장기 이식의 윤리적 문제, 장기 이식을 위한 뇌사 판정의 윤리적 정당

성의 필요충분조건이 아니다.49) 더 나아가 그는 외적 환경에 대한 선택적 대응인 세포의 신진 대사에서도 이미 필연에 대한 통찰로서의 자유를 확인할 수 있다고 주장한다.50) 마지막으로 그는 의인관이 적용되는 최하 단계인 무기적 자연을 '아직 생명이 아닌 것', 잠자는 정신으로 본다. 이를테면 결정론은 '결성적(privativ) 자유'이다.

그러나 '주체 없는 목적'인 무기적 자연은 목적을 갖지만 아직 주체는 아니라는 요나스의 주장을 간과해서는 안 된다. 사실 외관상 생명이 없는 것처럼 보이는 무기적 자연을 주체로 볼 수 있는가 없는가 하는 문제는 무기적 자연을 도덕적 권리의 주체로 볼 수 있는가 없는가 하는 문제와 관련된다.

> ……프시케(Psyche)는 아마도 일반화된 형태로는 모든 물질의 속성일 수도 있다…… 이 프시케는 고도로 조직화되고 신진 대사를

성의 문제와 관련된다. 이에 대해서는 H. Jonas, *Technik, Medizin und Ethik*, Frankfurt am Main, 1987, 219-241. 이것의 한글 번역본, 한스 요나스 지음, 이유택 옮김, 『기술 의학 윤리』, 서울, 2007, 211-231 참조. 요나스가 장기 이식 행위 일반을 비도덕적 행위로 보았는지는 분명하지 않으나 그는 적어도 혼수상태에 빠진 사람을 환자가 아니라 '신선한 장기의 냉장고'로 보려는 뇌사 판정에 대해 비판하고 있다. 전체적으로 볼 때 그는 뇌사 판정과 같은 죽음에 대한 최소 정의가 아니라 전통적 심장사 판정 같은 죽음에 대한 최대 정의가 채택되어야 한다고 주장한다.

49) 칸트가 동물의 목적성을 인정하지 않은 근거가 바로 동물에서는 목적의 소유와 실행이 분리되어 있지 않다는 것이었다.

50) *Organismus und Freiheit*, 131-132(『생명의 원리』, 196-198) 참조. 여기서 그는 세포의 신진 대사에서 보이는 목적성을, 변증법적 범주들을 사용하여 해명하고 있다. 자아성(Selbstheit)은 사유에서 비로소 확인된다기보다는 신진 대사를 수행하는 세포에서 이미 확인된다는 것, 그리고 수학적 언어는 이를 결코 해명하지 못한다는 것이 그의 주장이다. 달리 표현하면 수학자의 신(수학적 세계관을 보증해 주는 신)은 유기체의 존재 이유(생명의 존재 근거로서의 신)가 아니라는 것이다.

수행하며 환경과 구별되는 통일체들, 즉 "자립적인" 유기체들 속에서 개체성과 *자기성의* 지평을 획득한다. 사람들이 유기체 이하의 불투명한 프시케적인 것까지도 "주관성"이라고 우긴다면, 나는 그에 대해 굳이 이의를 달지 않겠다. 그렇게 되면 프시케적인 것은 어떤 "주체"도 갖지 않거나, 이 프시케적인 것, 비인격적 주체, 즉 무의식적 전체 주체가 "자연"이라고 명명될 수 있을 것이다. 이 말이 무엇을 의미하든 간에 이 주체는 다른 주체들과 구별되는 개별적 주체는 아니다. 그러나 불투명하게 생각된 욕구(Appetition)는 나의 판단으로는 그러한 실체화를 결코 요구하지 않는 것 같다. 무생명적 소재와 이 무생명적 소재의 우주적 편재가 알려주는 바에 따라 나는 주체 없는 주관성, 즉 맹아적인 욕구적 내면성이 무수한 개별적 요소들을 통해 분산되었다는 것은 믿지만 하나의 형이상학적 전체 주체 내에서 그것들이 애초부터 통일을 이루고 있었다고는 믿지 않는다. (다시 말해서 범신론(Pantheismus)은 범심론(Panpsychismus)의 필수적인 보완물이 아니다.)[51]

이제 애초에 제기한 두 번째 문제, 즉 요나스 자신은 자연 과학적 인과율과 자신의 생명주의적 목적성의 관계를 어떻게 설정하고 있는가 하는 문제를 살펴보자. 결론부터 말한다면 요나스는 작용 인과성과 목적성, 결정론과 자유가 양립 가능하다고 보는 것 같다. 동시에 이러한 목적론적 존재론은 단순한 사변적 관심에서뿐만 아니라 윤리학을 위해서 기획된 것이라는 점도 분명해진다. 이를 차례대로 살펴보자.

어쨌든 자연을 설명하는 것과 자연을 파악하는 것은 동일하지 않다. 우리는 예컨대 가정된 목적들을 가지고 자연을 설명하려 한 것이 아니라 이미 증명된 바와 같이 자연 내에 목적들이 현존한다는 것(이는 자연과 모순되지 않는다)을 자연 개념을 위해 해석하고

---

51) *Das Prinzip Verantwortung,* 141-142(『책임의 원칙』, 137-138).

자 하였으며 이때 자연의 일반화된 "목적성"이 자연의 결정론적 인과 장치 속에서 ― 결정론적 인과 장치에 反한다기보다는 그것을 통해서 ― 무의식적으로 작용하는 방식에 대해서는 전적으로 유보해 두었다는 것을 기억하자.[52]

자연 내의 목적성에 관한 주장은 파악(Begreifen), 해석(Deutung)의 차원에서 제기되는 것이지 결정론적 설명(Erklärung)의 차원에서 제기되는 것은 아니다. 물질의 태내에 비가시적인 목적성이 있음을 인정하는 것과 계량 가능한 것만을 인정하는 자연 과학은 양립할 수 있다는 것이다. 그렇기 때문에 요나스는 역설적으로 목적론이 결정론을 통해서 입증될 수도 있다고 보는 것이다.

그렇다면 요나스가 굳이 설명의 차원이 아닌 해석의 차원에서 자연을 문제삼는 이유는 무엇인가? 물론 단순한 사변적 관심의 발로일 수도 있을 것이다. 그러나 목적론에 대한 요나스의 관심은 사실상 윤리학을 위한 것이라는 점이 다음에서 분명해진다.

> 철학자에게 남은 과제는 목적의 실존에 관한 주관성의 증언이 주관성 자체에 국한되지 않고 자연 개념 전체와 연관되어 있다는 것이 목적의 위상에 대해 어떤 의미를 갖는가를 보여주는 것이다. 우리가 목적 이론을 위해 자연 개념에 관심을 갖는 것이지 자연 이론을 위해 목적 개념에 관심을 갖는 것은 아니라는 점에 유의하라. 우리는 ― 궁극적으로 윤리학을 위해 ― 목적 일반의 존재론적 자리를 주체라는 정점에서 드러난 것으로부터 존재라고 하는 광활한 영역에 은폐되어 있는 것까지 확장하려 한다.[53]

'생명 윤리를 위한 목적론적 자연 파악'으로 그 성격을 규정할 수

---

52) *Das Prinzip Verantwortung,* 140(『책임의 원칙』, 135, 136).
53) *Das Prinzip Verantwortung,* 138-139(『책임의 원칙』, 134).

있는 요나스의 존재론이 곧바로 윤리학과 직결되는 것은 아니다. 그의 말대로 존재론적 보편성은 아직 가치론적 타당성이 아니기 때문이다. 그럼에도 불구하고 요나스는 '존재에 목적성이 내재함'을 확인함으로써 생명 윤리의 결정적 승리가 이미 확보되었다고 자평한다.[54]

3. 선 자체로서의 책임성

이제 우리는 이상과 같은 존재론과 형이상학을 토대로 해서 요나스가 어떻게 인류의 미래 존재를 정당화할 것인지를 대략 다음과 같이 예상해 볼 수 있다. 1. 인간은 목적을 가질 수 있는 능력의 소유자이다. 2. 목적성 혹은 목적 자체로서의 인간이 그 자체로 존재할 가치를 갖는 선 자체이다. 3. 목적 자체로서의 인간이 선 자체라는 것은 '목적성이 무목적성보다 무한히 우위에 있다'라는 직관적으로 자명한 원칙에 의해 정당화된다. 그런데 여기서 우리는 인간의 가치와 여타의 자연적 생명의 가치 사이에는 일종의 위계질서가 있는지의 여부를 요나스에게 물어 보고 싶어진다. 이러한 의문은 물론 상식적으로도 제기할 수 있는 것이다. 인간은 이성적 동물로서 동물에 비해 이성이라는 종차를 가지므로 인간은 도덕적 권리 면에서, 아니면 도덕적 행위의 일차적 대상이라는 점에서 일종의 우선권을 가져야만 하지 않을까 하는 생각은 상식적으로도 품어 봄직한 생각이다. 이 문제에 대한 요나스의 견해를 들어보려면 우리는 먼저 존재론적 차원에서 '인간이라는 목적성과 여타 존재의 목적성의 차이'에 대한 요나스의 견해를 살펴봐야 할 것이다. 따라서 간략하

---

54) *Das Prinzip Verantwortung* 150(『책임의 원칙』, 146) 참조.

게나마 그의 인간학적 견해를 살펴보지 않을 수 없다.

  목적 추구성이라는 범주에 인간의 행위뿐만 아니라 동물의 행위
또한 포함될 수 있다 하더라도 동물의 자유와 인간의 자유 사이에
는 단순한 정도의 차이를 넘어 일종의 질적 차별성이 있다고 보아
야 하지 않을까 하는 의문은 사실 생물 이하의 자연과 생물 사이에
는 자유의 질적 차별성이 있지 않을까 하는 의문보다 심각한 것이
다. 요나스는 인간의 자유와 여타 존재들의 자유를 '정립된 목적'과
'주어진 목적'으로 구별한다.

> 생물이 생물 자신의 목적이라는 것은 아직 그 생물이 목적들을
> *정립*할 수 있다는 것을 의미하지는 않는다. 생물은 선택되지 않은
> 자기 목적에 종사하면서 목적들을 자연으로부터 '가진다'. 자기 새
> 끼까지 포함한 다른 존재자의 목적들도 함께 돌보는 행위는 오직
> 간접적으로만, 그리고 유전적으로 제약된 형식으로만 자기 목적의
> 추구에 포함되어 있다. 생명의 목적들은 주체의 관점에서 보면 이
> 기적이다. (이러한 자기 목적들은 생물학적 질서라는 좀 더 포괄적
> 인 목적들에 객관적으로 종속된다는 것이 사태의 진상이다.) 인간
> 의 자유가 비로소 목적들의 정립과 선택을 허용하며 이와 더불어
> 타자의 목적들을 자발적으로 직접 자기화하고, 심지어는 완전하고
> 도 희생적으로 자기화하는 것을 허용한다.[55]

  분명해진 것은, 인간 외적 생물이 갖는 목적성은 주어진 목적을
추구하는 능력이며 오직 인간만이 목적을 선택하는 능력, 즉 목표
정립 능력을 갖는다는 것이다. 그리고 요나스는 인간의 목표 정립
능력에는 타자의 목적을 자신의 목적으로 정립하는 능력도 포함된
다고 봄으로써 책임의 능력도 인간의 목적성에 포함시키고 있다.
그렇다면 인간의 목적성은 다시 '도덕적 목적을 추구하는 능력'과

---

55) *Das Prinzip Verantwortung*, 397에 있는 注 2(『책임의 원칙』, 152).

'도덕적 목적이 아닌 목적을 추구하는 능력'으로 구분될 수 있을 것이다. 요나스는 후자를 '목적이 의욕의 피조물인 경우'라 하여 전자와 구별한다.

> 이 경우(목적이 의욕의 피조물인 경우) 소망의 상관자인 목적의 '가치 있음'은 충동적 생명, 환경, 선례, 습관, 견해 및 순간에 의해 다양하게 先규정되어 있다.[56]

요컨대 인간의 목적성은 순수 동물적 부분을 제외한다면 '정립된 목적이긴 하지만 선행하는 조건에 의해 규정된 목적을 추구하는 능력'과 '타자의 목적을 자신의 목적으로 정립하여 추구하는 능력'으로 구분될 수 있겠다.[57] 물론 전자가 후자의 존재론적 토대일 수는 있겠지만 요나스가 보기에 인간의 본질을 구성하는 것은 후자이다. 인간의 목적성의 핵심은 '책임성'인 것이다. 책임 능력은 인간의 존재론적 본질 규정이다.

> 인간은 우리에게 알려진 유일한, 책임을 가질 수 *있는* 존재이다. 우리는 직접적으로 이러한 '능력'을 단순히 경험적인 판정 이상의 것으로 인식한다. 우리는 이 능력을 인간의 존재 장치 내에 있는 인간의 차별적이고도 결정적인 *본질적* 특성으로 인식하는 것이다.[58]

---

56) *Das Prinzip Verantwortung,* 398에 있는 注 3(『책임의 원칙』, 155.) 괄호 안은 나.

57) 칸트 식으로 표현하자면 목표 정립은 목적에 대한 표상 없이는 불가능하고 이는 다시 사유 능력을 요구하므로 요나스의 '정립된 목적이긴 하지만 선행하는 조건에 의해 규정된 목적을 추구하는 능력'은 경험에 의해 제약된 가언명법적 실천 이성이다. 그러나 칸트적 도덕성은 '도덕 법칙에 입각하여 목적(세계 내 타자의 목적이 아니라)을 정립하여 추구하는 능력'이라는 점에서 요나스적 도덕성, 즉 책임성과 구별된다. 이에 대해서는 뒤에 다룬다.

이제 인간학을 떠나 가치론으로 돌아오자. 책임 능력이 선 자체이며 그 자체로 존재할 권리를 갖는 의무화의 주체이다. '책임 능력이 선 자체이다'라는 명제는 존재론적 명제가 아니라 존재에 내재한 가치에 대한 명제, 즉 형이상학적 명제이다. 그리고 이 형이상학적 명제는 직관적으로 인식된다.

> 따라서 우리는 실제로 "인간"이라는 존재의 존재론인 철학적 인간학의 명제를 갖는다. 그리고 바로 이와 더불어 우리는 이미 형이상학의 명제를, 우선은 인간에 관한 형이상학의 명제를 갖는다 …… 책임 능력이 있다는 이러한 인간의 존재론적 탁월성 속에서 그 탁월성의 본질적 성격을 우리가 직접적으로 인식하는 것과 마찬가지로 우리는 이 탁월성 내에서 직관적으로(intuitiv) 하나의 *가치*를 인식한다. 이 가치가 세계에 현상한다는 것은 이미 이전부터 생명적 가치들로 꽉 차 있던 *존재의* 풍경에 단지 또 하나의 가치를 더 보태는 것이 아니라 지금까지의 모든 것을 종적으로 초월하는 것을 가지고서 지금까지의 모든 것을 능가하는 것이다.[59]

지금까지의 논의에서 다음과 같은 것들이 분명해졌다. 인간은 책임 능력을 갖는다. 인간의 책임 능력은 선 자체이다. 앞의 명제는 존재론적 명제이고, 뒤의 명제는 직관적으로 파악되는 형이상학적 명제이다. 요나스는 이와 같은 자신의 연역이 "형이상학적 연역"[60] 임을 솔직히 밝힌다. 그렇지만 자신의 형이상학적 연역은 전통적 신 존재 증명, 즉 본질로부터 주어진 실존을 끌어내는 그러한 공허한 연역이 아니라 "본질로부터 요구된 실존(geforderte Existenz)을"[61]

---

58) H. Jonas, *Philosophische Untersuchungen und Metaphysische Vermutungen*, 137.

59) *Philosophische Untersuchungen und Metaphysische Vermutungen*, 137.

60) *Philosophische Untersuchungen und Metaphysische Vermutungen*, 138.

61) *Philosophische Untersuchungen und Metaphysische Vermutungen*, 139.

도출해 내는 생산적인 연역이라고 주장한다. 그러나 어쨌든, 앞서 살펴보았듯이, 이러한 직관을 거부하는 회의주의자에게 선 자체로서의 책임 능력을 납득시킬 방법은 없다. 직관에 호소하는 것은 증명이 아니기 때문이다.[62]

이로써 기술 공학 시대의 정언 명령, 즉 '인류여 존재하라'라는 명령에 대한 요나스적 근거지음은 완료된다. 책임 능력은 우리가 그것의 존재 여부에 관여하게 되었다는 의미에서 의무의 대상일 뿐만 아니라 동시에 의무를 부여하는 주체이다. "책임 능력 자체가 …… 책임 능력의 고유한 대상이 된다."[63]

책임 능력이 존재해야만 한다는 것은 먼저 그것의 담지자인 인간이 존재해야만 한다는 것을 의미한다. 그리고 이때 존재해야만 하는 인간이란 현실적 개인이 아니다.

> 새로운 명법은 우리가 우리 자신의 생명을 도박에 걸 *권리를 갖는지*는 몰라도 인류의 생명을 도박에 걸 *권리는 갖지* 않는다고 말한다.[64]

그리고 존재해야만 하는 인간은 미래의 인간만을 의미하는 것도 아니다.

> 따라서 제일의 명법과 더불어 우리는 결코 미래의 인간에 대해 책임이 있는 것이 아니라 인간의 *이념*에 대해 책임이 있다. 이 이념이란 세계 내에 자신의 체현자들이 존재할 것을 요구하는 그러한 이념이다.[65]

---

62) *Philosophische Untersuchungen und Metaphysische Vermutungen*, 139 참조.

63) *Philosophische Untersuchungen und Metaphysische Vermutungen*, 137.

64) *Das Prinzip Verantwortung*, 36(『책임의 원칙』, 41).

그러므로 의무화하는 것(das Verpflichtende), 기술 공학 시대의 제일의 선 자체는 실제로 추구되는 인간의 생존이 아니라 그 자체로 도덕적 요구를 갖는 인간의 이념이다. 다시 말해서 '인류여 존재하라'라는 명법에서 인류는 먼저 개별 인간이 아니라 유로서의 인간을, 다음으로는 책임 능력을 가진 인류를 가리키는 것이다.

> 인간의 실존을 통하여 열어 두어야만 하는 것은 자기 구속적이고 항상 초월적인 *가능성*이다. 실존에 대한 의무란 바로 이러한 가능성을 우주적 책임으로 보존하는 것을 의미한다. 극단적으로 말해 책임이 존재할 가능성은 모든 것에 우선하는 책임이다.[66]

나의 판단으로는 선 자체가 현존하는 개인이나 구체적 미래 인간이 아니라 이념으로서의 인간이며 이 이념으로서의 인간이 갖는 규정들 가운데 자기 초월 능력이 핵심이라는 점에 주목하면 왜 기술 공학 시대의 우선적 명령이 '지구여 존재하라'가 아닌지 알 수 있게 될 것 같다. 이 문제를 간략히 검토해 보자.

요나스가 인간에 대한 인간의 책임을 일차적인 것으로 간주하는 이유는 우선 인간이 인간 이외의 전체 자연이나 개별적 생명보다 권리상 우위에 있기 때문이 아니다.

> 모든 생명체는 자기 자신의 목적인 동시에 더 이상의 정당화를

---

65) *Das Prinzip Verantwortung*, 91(『책임의 원칙』, 90).

66) *Das Prinzip Verantwortung*, 186(『책임의 원칙』, 181). 여기서 요나스가 가능성이란 말을 쓴 것은 인간이 예외 없이 실제로 초월하지는 못하지만 적어도 초월할 수 있는 능력이 있다는 것을 나타내기 위한 것이다. "인간은 아직 도덕적이지는 않지만(noch nicht moralisch) 도덕적일 수도 있고 비도덕적일 수도 있는 그러한 존재, 즉 도덕적 존재(moralisches Wesen)이다." *Das Prinzip Verantwortung*, 185(『책임의 원칙』, 180).

필요로 하지 않는 목적이며 이 점에서 인간은 다음과 같은 점을
제외하고는 다른 생명체들보다 나을 게 하나도 없다. 즉 오직 *인간*
만이 다른 생명체들에 대해서도 *또한* 책임을 질 수 *있다*는 사실,
다시 말해 다른 생명체들의 자기 목적의 보호를 위해서도 책임을
*질 수 있다*는 사실을 제외하고는 다른 생명체들보다 나을 게 하나
도 없다.[67]

만일 인간에 대한 책임이 여타의 생명에 대한 책임보다 우선적인 것
이라면, 그 이유는 목적 자체로서의 인간의 본질 규정인 책임 능력이
이미 여타의 존재에 대한 책임을 포함하고 있기 때문이라는 것이다.
　인간의 목적성과 관련하여 우리가 아직 검토하지 않은 문제가 하
나 있다. 그것은 인류의 현존재와 인류의 본질(자유)이 모순되는 경
우에 제기될 수 있는 문제이다. 이 경우 물리적 생존과 인간의 도덕
성 중 어느 것이 권리상 우선권을 갖는가? 이에 대한 요나스의 대답
은 일단 권리상 양자택일은 없다는 것이다. 왜냐하면 그는 "실존해
야 한다는 사실(Daß)과 실존해야 하는 본질(Was)을 똑같이 강조하
는"[68] 인간의 이념이라고 말하고 있기 때문이다. 하지만 그럼에도
불구하고 양자택일의 상황이 오리라는 불길한 예측을 해볼 수도 있
다. 이를테면 인간의 본질인 도덕적 자유(그것의 사회적 형태가 민
주주의적 자유일 것이다)를 희생하고서라도 물리적으로 생존할 것이
냐(생태 독재가 그 예이다[69]) 아니면 도덕적 자유를 생존보다 높은
가치로 설정할 것이냐를 선택해야 하는 상황이 여기에 해당한다. 요
나스가 미래 윤리를 근거짓는 것보다 미래 윤리를 관철할 방법을
제시하는 것이 훨씬 더 어렵다고 본 이유는 바로 이런 적용상의 난

---

67) *Das Prinzip Verantwortung*, 179(『책임의 원칙』, 179).

68) *Das Prinzip Verantwortung*, 92(『책임의 원칙』, 180).

69) G. Hardin의 救命艇 윤리도 이 범주에 속한다.

점 때문이다. 이처럼 어려운 적용론의 문제는 이글의 주제가 아니다. 다만 지금의 문제, 즉 '인류의 물리적 생존과 인간의 자유 간에 양자택일이 강요되는 상황에서 전략적으로 어떤 것을 선택할 것인가 하는 문제'와 관련해서만 그의 대답을 간단히 소개해 보겠다. 우선 강조되어야 할 것은 그가 권리상의 양자택일은 없다고 말한 것, 그리고 적용론과 관련해서도 현재의 상황을 이러한 양자택일의 상황으로 보고 있지는 않다는 것이다. 이런 전제 조건하에서 아직은 아니지만 조만간 도래할 수도 있을 이러한 양자택일의 상황이 가정된다면, 그의 선택은 '전제정이 멸망보다는 낫다'[70]는 것이다.

우리는 다음과 같은 확신을 가지고 물리적 생존의 우위에 대해 끔찍한 승인을 할 수 있다. 즉 자유에 대한 *존재론적 능력*은 인간의 본질과 떼려야 뗄 수 없는 것이어서 실제로 사라질 수는 없으며 오직 일시적으로만 공적 영역에서 추방될 수 있을 뿐이라는 확신 말이다 …… 이러한 믿음 속에서 우리는 근거를 가지고—생존하는 인간들이 있는 한—그들과 더불어 신의 同形像도 존속할 것이며 자신의 새로운 시기를 은밀하게 기다릴 것이라고 희망할 수 있다. 이러한 희망을 가지고—희망은 여기서 처음으로 공포에 비해 우선권을 갖는다—우리는 꼭 그래야만 한다면 물리적 구원을 위해 인류의 좀 더 외면적인 일들에 있어서 자유의 유보를 감수할 수 있다.[71]

---

70) *Philosophische Untersuchungen und Metaphysische Vermutungen*, 45. 이러한 주장은 '폭정이 무정부보다는 낫다'는 홉스의 주장을 연상시킨다. 요나스적 규범 윤리는 인종주의를 피할 수 없다고 한 아펠의 발언도 이와 같은 맥락을 고려한 것이다. 요나스의 가부장적 정치관에 대한 (비판적) 옹호에 대해서는 그롱케의 글 참조. 그롱케에 의하면 비민주주의냐 민주주의냐 하는 문제는 요나스가 보기에 생존이냐 멸망이냐의 문제가 갖는 절박성으로 인하여 판단 중지되었다. H. Gronke, Epoche der Utopie. Verteidigung des ‚Prinzips Verantwortung' gegen seine liberalen Kritiker, seine konservativen Bewunderer und gegen Hans Jonas selbst, in: D. Böhler hg., *Ethik für die Zukunft*, C.H Beck, 407-427 특히 425 참조.

Ⅲ. 책임의 원칙

　지금까지 우리는 요나스의 '의무화하는 것', 즉 '도덕적 요구의 주체'를 살펴보았다. 이때 문제가 되었던 것은 요구의 주체인 선 자체의 원칙은 무엇이며 또 그것은 어떻게 가능한가 하는 것이었다. 요나스의 주장을 요약하면 '무목적성보다 우월한 목적성'이라는 원칙이 목적성에 내재하며 이 원칙은 그것의 실재성을 결코 부인할 수 없는 직관의 사태라는 것이었다. 이제 우리는 이러한 요구에 동의하는 능력, 즉 '의무화되는 것'에 대해 살펴보아야 한다.

　　선 혹은 가치 있는 것은……바로 그것의 개념상 그것의 가능성
　이 그것의 현실성에 대한 요구를 내포하는 그러한 것, 따라서 이
　요구를 청취하고 행위로 옮길 수 있는 어떤 의지가 현존하는 경우
　하나의 당위가 되는 그러한 것이다.[72]

　문제는 우리가 어떻게 이 요구를 청취할 수 있는가 하는 것이다. 요나스에 있어서 선의 요구는 (칸트의 경우에서처럼 의식 내적 타자인 도덕 법칙으로부터 나오는 것이 아니라) 의식으로부터 대상적으로 독립된 선 자체에 내재한 '목적성의 원칙'으로부터 나온다. 따라서 ① 목적성의 원칙에 근거한 선 자체의 요구는 우선 '의무화되는 것'인 인간의 이성에 의해 통찰된다. 요나스가 제시하는 가치 판단력으로서의 이성은 목적성 우위의 원칙에 입각하여 도덕적 대상이나 행위의 선·악을 판정하는 능력이다. 그러나 도덕적 요구에 대한 구속성의 의식은 이러한 목적성 우위의 원칙에 입각한 가치

---

71) *Philosophische Untersuchungen und Metaphysische Vermutungen*, 145-146.

72) *Das Prinzip Verantwortung*, 153(『책임의 원칙』, 148).

판단력으로 전부 환원되지는 않는다. ② '의무화하는 것'에 대한 '의무화되는 것'의 적극적 일치 활동을 간과하는 한 구속성의 의식은 완전히 규명될 수 없다. 잘 알려진 대로 이 문제는 의무화되기 위한 주체 내의 동기력(Motivationskraft)에 대한 문제이다. 책임을 호소하는 선 자체에 대한 책임의 감정이 이 문제에 대한 요나스의 답이다. 아래에서 우리는 가치 판단력과 책임감의 문제를 차례대로 살펴볼 것이다.

1. 목적성 우위의 원칙과 판단력

요나스에 있어 '의무화하는 것'(das Verpflichtende)은 가치 원칙을 담지하고 있는 목적성, 즉 선 자체로서의 목적성이다. 칸트의 경우에서처럼 '의무화하는 것'이 (도덕 법칙이라는) 의식 내적 타자일 필요가 없기 때문에 요나스에 있어서는 '의무화되는 것'(das Verpflichtete)인 도덕적 주체는 세계 내의 타자인 목적성의 이념과 대상적으로 관계한다. 요나스에 의하면 대상적 요구에 맨 처음으로 응답하는 주체는 이성이다. '선 자체의 요구'와 일차적으로 관계하는 것이 감성이 아니라 지성이라는 이러한 주장은 간과되어서는 안 된다. 만일 사실적 인식 대상으로서의 목적성과 인식 주체와의 관계라면 감성적 관계가 일차적인 것이 될 것이다. 그러나 도덕적 경험의 대상으로서의 선 자체와 도덕적 경험의 주체의 관계에 있어서는 '사실로서의 목적성'이 아니라 '가치 원칙을 담지한 목적성'이 문제가 된다. 그리고 이러한 가치를 담지한 존재는 도덕적 주체의 이성에 의해 '가치 원칙을 담지한 대상'으로 판단된다. 이미 살펴본 대로 이념으로서의 목적성에 내재한 이러한 가치 원칙이 '목적성은 무목적성에 대해 무한히 우위에 있다'는 원칙이다. 따라서 도덕적 대상이나 그 대상에 대한 행위가 도덕적 선인가 아닌가를 판단하는 것은 이 원칙에 따른 판단으로는 다름 아니다. 목적성 우위의 원칙에 입각하여 판단한다는 것은 '객관적 선'인 것과 '그렇지 않은 것'을 구별한다는 것과 동일하다. 그래서 요나스는 도덕성에 있어 이성의 역할은 우선 객관적 선 자체와 주관적 가치를 구별하는 데 있다고 말한다. 소위 '주어진 목적을 달성할 수단을 선택하는 능력'과 동일시되는 이성은 전략적 이성일 뿐이다. 의지의 피조물, 주관적 가치에 불과한 목적, (칸트 식으로 표현하자면) 가언명법적인 목적은 '도덕성의 무조건적 명법이 명령하는 목적'과는 무관하며[73] 따라서 의지를 구속할 자격이 없다.

> ……우리는 가치 있는 목적들과 무가치한 목적들을, 소망이 만족되느냐 못 되느냐에 관계없이, 구별한다. 이러한 구별과 더불어 우리는 나의 판단에 노고를 기울일 가치가 있는 것(was meiner Mühe wert ist)이 바로 *나에게* 노고를 기울일 가치가 있는 것(was mir gerade der Mühe wert ist)과 합치하지 않는다고 상정하게 된다.[74]

'내가 노고를 기울일 가치가 있는 것'은 나의 모든 의욕에 대해 독립적으로 선한 것, 따라서 그 자체로 선한 것, 도덕적 선일 것이며 '나에게 노고를 기울일 가치가 있는 것'은 나의 의욕과 관련해서만 선한 것, 전략적 선이다. 이 양자를 구별하는 능력이 바로 선 자체의 호소를 듣는 능력인 이성이라는 것이다. 이 구별과 더불어 객관적인 선은 주체에게 당위가 된다.[75]

---

73) *Das Prinzip Verantwortung*, 159(『책임의 원칙』, 154).

74) *Das Prinzip Verantwortung*, 160-161(『책임의 원칙』, 156).

75) 요나스는 '이 구별과 더불어 무시간적인 것이 시간으로 진입한다'라고 표현하고 있다. 이때 무시간적인 것은 무생명을 의미하는 것이 아니라 의식

개인적으로 긴요한 목적들을 능가하는 목적들을 인간의 의지에
요구할 수 있다는 것이 ― 이는 이성이라는 자연적 기적과 결부되
어 있기는 하지만 그것과는 구별되는 기적이다 ― 인간을 도덕적
존재로 만들어 준다…… 순수 지성으로서의 이성, 즉 의지로부터
자유로운 인식 능력으로서의 이성은 세계를 어떤 선입견 없이 중
립적 지식의 거리를 두고 고찰할 수 있다. 기술적 오성으로서의 이
성은 의지에 의해 선택된 각각의 목적에 적합한 수단을 고안해 낼
수 있다. 그러나 판단 능력으로서의 이성은 감정의 조언을 받아 가
능한 목적들을 그것들의 존엄성에 입각해서 저울질하고 이 목적들
을 의지에게 명령한다.76)

다음으로 우리가 주목해야 할 것은 요나스의 가치 판단력은 일차
적으로 대상과 관계하는 것이지 대상과 분리된 가치 원칙(목적성
우위의 원칙)과 관계하는 것은 아니라는 점이다. 이 점에 유의하면
다음과 같은 요나스의 칸트 비판의 맥락이 드러난다.

도덕 법칙이 도덕적 행위에 동기를 부여한 것이 아니라 세계 내
의 가능한 즉자적 선의 호소가 도덕 법칙에 *따라서* 도덕적 행위에
동기를 부여한다. 즉자적 선이 내 의지에 마주서서 경청을 요구한
다…… 도덕 법칙은 모든 행위 의존적인 선들의 부름과 이 선들이
그때그때 *나의* 행위에 대해 갖는 권리를 일반적으로 명령화한 것
에 불과하다.77)

요컨대 요나스는 도덕 법칙 그 자체, 즉 칸트의 정언명법에서 드
러나는 행위 준칙의 보편성의 형식 그 자체는 목적이 될 수 없다고

에 독립적인 선 자체를 의미한다. *Das Prinzip Verantwortung,* 159(『책임의
원칙』, 154) 참조.

76) *Das Prinzip Verantwortung,* 398에 있는 164의 注 4(『책임의 원칙』, 159-160).

77) *Das Prinzip Verantwortung,* 162(『책임의 원칙』, 157).

주장한다. 나 자신의 도덕적 결백을 주장하는 경우에도 그러한 주장의 근거는 無자아성이라는 형식이 아니라 더 고차적인 자아, 즉 사태 자체가 목적이라는 것이다.[78]

우리는 뒤에서 판단력의 원칙에 대한 칸트의 견해를 검토해 볼 것이다. 여기서 지적하고 넘어가야 할 것은 요나스가 칸트적 도덕 법칙을 세계 내적 요구들에 대한 일종의 추상으로 봄으로써 대상에 내재한 원칙과 칸트적 도덕 법칙 간의 차이를 부각시키고 있다는 것이다. 칸트적 판단력은 입법적 준칙과 주관적 준칙을 구별하는 판단력인 반면 요나스의 판단력은 객관적 가치와 주관적 가치를 구별하는 판단력이다. 판단의 대상이 전자에서는 주관의 원칙인 반면 후자에서는 객관적 사태이다. 그러므로 이 두 판단력은 동일한 차원에서 일대일로 대립하는 두 가지 판단력이 아니라 차원이 다른 판단력일 수 있다.

2. 선 자체에 대한 책임감

설령 객관적 선 자체가 있고 주체가 그것을 통찰했다 하더라도 그러한 선에 주체가 자발적으로 동의하지 않는 한 도덕적 행위는 불가능하다. 도덕성을 해명하고자 하는 진지한 시도라면 판단력만으로 환원될 수 없는 동의(Zustimmung)의 현상을 해명해야만 한다. 전통적으로 '동의' 현상은 플라톤의 '에로스'에서부터 샤프츠베리의 '도덕감', 쉘러의 '공감'에 이르기까지 줄곧 철학적 윤리학의 주제가 되어 왔다. 특히 요나스에 있어서는 이러한 동의의 현상이 그의 기획의 핵심적 요소로 부각되는데 그의 '책임' 개념은 무엇보다도 책

---

78) *Das Prinzip Verantwortung,* 162(『책임의 원칙』, 157) 참조.

임감의 현사실성, 즉 책임감이라는 인간학적 특성에서 비롯된 것이다. 요나스는 먼저 책임을 요구하는 객관적 사태를 (이념으로서의 목적성으로) 규정해 놓고 이 객관적 사태에 응답하는 (또 하나의 객관적 사태로서의) 책임의 느낌을 찾아내는 순서로 자신의 이론을 전개한다. 그러나 실은 이러한 이론적 순서는 책임감이라는 결과로부터 목적성이라는 기원을 찾아낸 후의 재배치라고도 볼 수 있다. 칸트에 있어서 중요한 것이 이성의 사실로서의 도덕 법칙에 대한 존경이었다면[79] 요나스에 있어서는 선 자체로서의 목적성에 대한 책임감이다.

> 논리적 순서에 따르자면 의무화의 타당성이 맨 먼저이고 응답하는 감정이 두 번째이다. 그러나 접근 순서에서는 주관적 측면에서 시작하는 것이 장점을 갖는데 왜냐하면 주관적 측면은 내재적으로 주어진 것이자 알려진 것일 뿐만 아니라 이 주관적 측면을 향한 초월적 부름 안에 이미 이 주관적 측면이 동시에 가정되어 있기 때문이다.[80]

말하자면 부름이 있어야만 응답이 가능하겠지만 응답의 현실성은 부름의 존재를 인식하는 근거일 수 있다는 것이다. 나의 판단으로는 요나스의 존재론적 기획이 갖는 단순함의 이점은 바로 여기에 있다. 왜냐하면 요나스에 있어서는 도덕적 요구의 주체가 인격적 신이나 추상적 도덕 법칙이 아니라 선의 원칙을 담지한 대상이므로

---

79) 칸트에 따르면 도덕 법칙이 주어지지 않았더라면 우리는 결코 그것을 갖지 못했을 것이다. 말하자면 자유가 먼저인 것이 아니라 도덕 법칙이 의식의 사실로 주어져 있기 때문에 자유가 확인될 수 있다. 이에 대해서는 *Kritik der praktischen Vernunft*, A 53 참조. 이것의 한글 번역본, I. 칸트 지음, 최재희 옮김, 『실천 이성 비판』, 서울, 1991, 31 참조.

80) *Das Prinzip Verantwortung*, 164-165(『책임의 원칙』, 160).

외적 사태의 부름에 인간 내적 사태(심리)가 응답한다는 것은 비교
적 자연스러운 귀결로 보이기 때문이다. 물론 부름과 응답의 관계
는 물리적 자극과 반응의 관계와는 다르다. 전자의 경우에는 주체
의 자발성이 전제되어야 하지만 후자의 경우는 그렇지 않다. 이제
요나스의 책임감을 간략히 검토해 보자.

> 이것(그 자체로 존재할 가치가 있는 것으로 입증되는 것)이 나에
> 게 도달하고 나를 자극하여 의지를 움직일 수 있으려면 나는 바로
> 그것에 의해 감정이 촉발될 수 있어야 한다. 우리의 감정적 측면이
> 작용해야만 하는 것이다. 그리고 통찰이 전해 주는 호소가 우리의
> 감정 내에서 응답을 발견한다는 것은 우리의 도덕적 본성의 본질
> 에 놓여 있는 사실이다. 바로 이것이 책임의 감정이다.[81]

따라서 책임감은 객관적 선 또는 이성에 의해 객관적 선으로 입
증된 것, 즉 '이성에 의해 통찰된 대상'과 의지를 매개한다. 책임감
은 객관적 선에 대한 이성의 통찰에 동의하여 의지를 움직이는 감
정이다. 이러한 동의에 있어서 중요한 요소는 물론 자발성이다.

> 우리는 아마도 다음과 같이 말할 수 있을 것이다. "너는 해야만
> 한다"를 들을 수 있고 "너는 해야만 한다"라는 외침에 자발적으로
> 부응하여 그것에 귀를 기울이는 사람이 아무도 없다면 "너는 해야
> 만 한다"는 성립될 수 없을 것이다.[82]

요나스는 아예 인간은 이러한 "*감수성*(Affizierbarkeit)이 있기 때문
에 이미 잠재적으로 '도덕적 존재들'이며 또 바로 그 때문에 비도덕
적일 수도 있는 것"[83]이라고 주장한다. 도덕성의 주관적 가능 조건

---

81) *Das Prinzip Verantwortung*, 162, 163(『책임의 원칙』, 158). 괄호 안은 나.
82) *Das Prinzip Verantwortung*, 164(『책임의 원칙』, 159).

은 이성이라기보다는 감정이며 선험적인 것이라기보다는 인간학적인 것이다. 물론 그는 의무화의 합리적 근거, 즉 권리를 확증하는 능력인 이성도 강조하고 있지만, 만일 객관적 선이 존재하지 않았더라면 판단 능력으로서의 이성은 무력했을 것이다. 단순화시켜서 말한다면 이성은 부름의 전달자에 지나지 않는다. 심지어 요나스에 의하면 이성의 매개 없이 도덕 감정이 작용할 가능성을 배제할 수 없다.

> 이는(이성에 의해 정당화되지 않은 선택은) 소박한 선 의지에 의거해서 도덕적 행위를 할 수 있는 여지를 허용하게 될 것이다. 이때 소박한 선 의지의 직접적 자기 확신은 더 이상의 확증을 요구하지 않는 그러한 확신일 것이다. 그리고 사실상 "천성적으로"(von Natur) 마음의 감흥이 도덕 법칙의 명령들과 일치하는 다행스런 경우에는 더 이상의 확증이 필요치 않다. 그런 은총을 받은 주관성은(누가 그런 주관성의 가능성을 배제하겠는가?) 전적으로 자기 자신에 의거해서, 즉 감정에 의거해서 행위할 수 있을 것이다. 객관적 측면은 이와 유사한 자족성을 항상 가질 수는 없다.[84]

그리고 나의 판단에는 위와 같은 '다행스런 경우' 중 하나가 자식에 대한 부모의 책임감인 것 같다.

---

83) *Das Prinzip Verantwortung*, 164(『책임의 원칙』, 159).

84) *Das Prinzip Verantwortung*, 163(『책임의 원칙』, 158). 괄호 안은 나. 나의 판단으로는 이와 같은 주장은 칸트의 '도덕적 내용을 갖는 유일한 행위로서의 의무로부터의 행위'를 겨냥하고 있는 것으로 해석할 수 있다. 칸트에 의하면 천성적인 博愛家가 남을 돕는 경우에 그 행위만으로는 아직 행위의 도덕성 여부를 판단할 수 없다. 위의 인용문에서 '다행스런 경우'란 칸트의 '직접적 경향성으로부터의 합의무적(pflichtmäßig) 행위'와 일치하며, 따라서 요나스는 '의무로부터의 행위'만이 도덕적 내용을 갖는다는 칸트의 주장을 헤겔, 쉘러와 함께 비판하고 있는 셈이다.

마지막으로 후손에 대한 배려는 도덕 법칙에 호소할 필요가 없을 만큼 자발적인 것이기 때문에 객관적 책임성과 주관적 책임감이 일치하는 기본적인 원형이라는 사실을 상기하자. 이 원형을 통해 자연은 본능에 의해서는 보장되지 않는 모든 종류의 책임성을 우리에게 가르치고 이 책임성을 위한 우리의 감정을 미리 부여했던 것이다.[85]

물론 이와 같은 경우는 극히 요행스런 경우에 불과하며 대개의 경우에 도덕성은 이성의 통찰과 감정의 동의로 성립된다.

어쨌든 추상적 裁可와 구체적 동기화 사이의 간극에는 감정의 다리가 놓여져야 한다. 이 감정만이 의지를 움직일 수 있다. 도덕성의 현상은 아프리오리하게 이러한 결합에 근거한다. 비록 둘 중 하나는 단지 후험적으로 우리의 실존의 사실, 즉 우리의 도덕적 관심의 주관적 현존으로서 주어져 있긴 하지만.[86]

나의 판단으로는 요나스의 내재론적 기획, 즉 '가치를 담지한 대상'은 도덕의 객관적 동인과 주관적 동기를 비교적 간단히 해명할 수 있다는 장점을 갖는 것 같다. 도덕적 행위의 객관적 동인이 세계 내적 사태의 요구로서 비교적 분명하게 제시되고 있기 때문에 주관적 동기도 마치 의사소통의 상대방처럼 비교적 명확하게 확인된다. 그리고 이와 같은 입장에 서면 '도덕적 요구의 주체가 법칙'이라는 칸트의 주장이 불명확하게 보이는 것과 마찬가지로 '대상 아닌 법칙에 존경심이 대응한다'고 하는 칸트의 주장도 불명확하게 보일 것이다.

---

85) *Das Prinzip Verantwortung*, 171(『책임의 원칙』, 167).
86) *Das Prinzip Verantwortung*, 164(『책임의 원칙』, 159).

경외의 감정은 사태 자체가 일으키는 것이지 보편성의 이념이 일으키는 것은 아니다. 더욱이 사태는 절대적으로 유일한 자기 타당성에 의해서 감정을 일으킨다. 사태의 자기 타당성 자체가 더 포괄적인 원칙에 포섭된다 해도 이 원칙은 존재론적 원칙일 것이며, 이 존재론적 원칙이 감정을 촉발한다면 그 원칙의 *내용*에 의해서 촉발하는 것이지 그 원칙이 갖는 보편성의 정도에 의해서 촉발하는 것은 아니다.[87]

그러나 개인적인 행위 결정에 있어서 예컨대 모든 이성적 존재자가 진리 체계를 구성하는 이론적 명제들을 그것들의 보편성 때문에 동의해야만 한다는 부수적 확신은……나의 선택의 제1근거일 수는 없으며 물론 감정의 근원일 수도 없다.[88]

요컨대 이론적 보편성에 대한 동의는 도덕성의 주관적 동기가 될 수 없다는 것이다. 우리는 뒤에서 이에 대한 칸트의 응답을 들어 볼 것이다. 다만 여기서 미리 언급할 수 있는 것은 우리가 이미 살펴본 대로 칸트가 도덕 법칙을 객관적 사태와 결코 동일시하지 않았지만 이성의 창조물로 보지도 않았으며 존경에 대한 정합적 해석에 입각하면 도덕 법칙과 존경의 관계는 이론 이성과 감정의 관계가 아니라는 점이다.

---

87) *Das Prinzip Verantwortung,* 169(『책임의 원칙』, 165).

88) *Das Prinzip Verantwortung,* 169(『책임의 원칙』, 165).

I. 기술적 합리성과 도덕적 합리성

칸트의 이론 철학의 출발점을 형성하는 문제 상황이 과거의 형이상학적 전통(그리고 그것의 근대적 변형으로서의 합리론)과 당시의 경험론 간의 대립이었다는 것은 익히 알려져 있다. 그가 목도한 형이상학은 독단론에 빠져 있었고 경험론은 보편적 학문의 성립 가능성 자체를 부정하는 것처럼 보였다. 그래서 칸트 이론 철학의 과제는 양자의 일면성을 극복하여 종합하는 것, 즉 형이상학의 새로운 조건을 창출하고 경험론의 귀결인 회의주의를 극복하는 것이었다. 이런 작업은 합리론과 경험론 각각의 한계를 설정해 주는 것만으로는 완수될 수 없다. 이를 위해서는 양자의 관계를 규정하고 질서지을 매개가 필요했던 것이다. 칸트는 데카르트 이래의 자기의식에서 이러한 매개를 찾을 수 있다고 생각했다. '자기의식과 자신의 현존재' 간의 관계의 확실성이라고 하는 데카르트의 착상을 '자기의식과 그것의 생각들과의 관계(의 확실성 및 생산성)'에까지 확장한 선

험 철학의 입장에서 그는 경험론과 형이상학을 넘어 양자를 종합할
수 있었던 것이다.

　이와 같은 이론 철학적 문제 상황과 유사하게 칸트의 실천 철학
또한 합리주의적 입장(스콜라 철학 또는 스토아 철학의 변형)과 경
험주의적 입장 간의 대립 상황에서 출발한다. 당시의 합리주의적
윤리학에 의하면 사물의 질서나 영혼의 질서에 부합하는 행위만이
도덕적 행위이며, 따라서 인간이 도덕적이기 위해서는 인간의 내적
· 외적 질서에 대한 지식이 선행되어야만 한다. 이에 반대하는 도덕
감정설은 인간 본성이 모든 지식이나 개념에 선행하여 근원적으로
하나의 도덕 감정을 가지고 있다고 주장하여 도덕적 사태의 이성적
특성과 보편성을 부정하는 데로 나아갔다. 이러한 이론적 갈등으로
표출된 실천 철학적 문제 상황은 도덕성을 그것과는 다른 지식에
의해 근거지을 것인가 아니면 감성으로 환원시킬 것인가 하는 양자
택일을 강요하는 듯이 보였다. 일찍이 합리주의적 전통에 서 있었
던 칸트에게 도덕 현상의 이성적 특성은 포기할 수 없는 것이었다.
그러나 사실을 근거지을 수 있을 뿐인 이론 이성에 의해서는 도덕
적 당위가 해명되지 않는다는 것을 칸트로 하여금 깨닫게 하여 칸
트 실천 철학에 물음의 방향을 제시한 것은, 마치 이론 철학에서
흄의 경험론이 그러했듯이, 영국의 도덕 감정설이었다.

　이제 문제는 이러한 이성적 특성을 고수하면서도 이론적 인식과
는 차원이 다른 도덕 현상의 특성을 어떻게 해명하느냐 하는 것이
었다. 이러한 이론적 난맥에 대처하는 칸트의 방법은 "하늘에도 땅
에도 기대지 않고"[89] 오직 도덕 현상 자체의 고유성을 적나라하게

---

89) I. Kant, *Grundlegung zur Metaphysik der Sitten*, in: Kant's Gesammelte
　　Schriften, Bd. 4, BA 60. 이것의 한글 번역본, I. 칸트 지음, 최재희 옮김,
　　『도덕철학 서론』, 『실천 이성비판』, 서울, 1991, 219.

분석하는 것이었다. 모든 이론은 인간 그 자체를 존중할 수 있어야 한다는 루소적 지침에 따라 칸트는 아무런 전제 없이 도덕성 그 자체에 주목함으로써 해법을 찾으려 했던 것이다. '도덕 형이상학'의 기획은 바로 여기서 출발하며, 칸트 실천 철학을 지배하고 있는 자율의 이념은 이미 여기서도 확인된다. 그래서 칸트에게는 도덕성을 스콜라적인 형이상학적 존재론(크루시우스, 클라크)이나 스토아적인 합리적 심리학(볼프)에 근거하여 해명하려는 합리적 윤리학은 먼저 도덕성의 고유한 성격을 불충분하게 파악할 수밖에 없고, 따라서 도덕성의 오염에 기여하는 것으로 보였다. 양자의 경우 도덕성의 구조를 드러내고 어떤 행위가 도덕적 행위인지의 여부를 판정하려는 이론적 관심을 위해 중요한 것은 진리에 대한 인식(존재론), 영혼의 상태에 대한 인식(심리학)이었고, 따라서 윤리학은 존재론과 인간학의 부분 집합이 된다. 때문에 칸트는 이들이 도덕성을 규명하기에는 불충분하다고 보았던 것이다. 이런 맥락에서 칸트는 볼프의 심리학에 상대적으로 후한 점수를 주고 있음에도 불구하고[90] "심리학에서 연구되는 인간의 의욕 일반의 활동과 조건"[91]에 대한 볼프의 논의로부터 도덕적 순수 의지에 대한 연구, 즉 도덕 형이상학이 분리되어야 한다고 주장했던 것이다.

1. 칸트 윤리학의 배경

칸트가 윤리학을 존재론 및 실천적 인간학에 종속시키려는 전통

---

90) 도덕 감정설과 완전성 이론 중 하나를 선택해야만 하는 상황이라면 후자를 택하겠다는 *Grundlegung zur Metaphysik der Sitten*, BA 92-93(『도덕철학 서론』, 236)에 있는 칸트의 발언 참조.

91) *Grundlegung zur Metaphysik der Sitten*, BA I(『도덕철학 서론』, 186).

적 기획에 대해 부정적 태도를 취하는 것은 실은 에피쿠로스 이래
의 행복주의 윤리학과 그 변형들에 대한 부정적 태도에서 비롯된
것으로 보인다. 특히 도덕성을 自己愛라는 인간학적 최종 기준에
환원하려 한 홉스적 시도에 대한 칸트의 적대적 태도는 실천 철학
이 단순히 이론적 관심에 의해 수행되는 것 이상이라는 것을 잘 보
여줌과 동시에 칸트 실천 철학의 배후에 있는 위기의식을 짐작하게
한다. 볼프의 합리적 심리학이 홉스의 그것과는 정반대의 방향성을
지녔음에도 불구하고, 양자는 심리학의 부분 집합으로서의 윤리학
이라는 점에서는 일치한다. 칸트는 도덕성을 그 자체로 문제삼지
않는 한, 전자가 후자에 길을 열어 줄 가능성이 있다고 본 것이다.

> 그러므로 도덕 형이상학은 불가피하게 필요한데, 그것은……사변
> 적 동인 때문만이 아니라 도덕의 단서와 올바른 도덕적 판정의 최
> 고 규범이 없는 한, 도덕 자체가 모든 종류의 타락으로 빠져들기
> 때문이다.[92]

칸트가 도덕 형이상학의 이론적 필요성에 대해 언급할 때면 반드
시 위와 같은 실천적 의의를 강조하는 것으로 보아 우리는 그가 감
지한 위기의 절박성을 가늠해 볼 수 있다.[93] 칸트는 더 나아가 도
덕적 타락(과 그것의 방조)으로 표현된 위기를 인간 실존의 근원적
모순의 근대적 표출로 정식화하는데, 그것이 바로 가언명법과 정언
명법 사이의 모순이다.[94] '전략적 합리성', '목적 합리성', '도구적

---

92) *Grundlegung zur Metaphysik der Sitten*, BA X-XI(『도덕철학 서론』, 185).

93) *Grundlegung zur Metaphysik der Sitten*, BA 34와 BA 35에서 세 번 언급됨.

94) 칸트가 보기에 이성에 의하여 배가된 욕망의 출현과 역사의 시작은 일
치한다. 그의 추측에 따르면 성서의 창세기에 등장하는 선악과 사건이
그 예이다. 이에 대해서는 I. Kant, Mutmaßlicher Anfang der Menscheng-
eschichte, in: Kant's Gesammelte Schriften, Bd. 8, A 6-7 참조.

합리성' 등의 다양한 표현은 칸트가 가언명법을 설명하는 부분에서
熟練性의 명법(Imperativ der Geschicklichkeit)이라 명명한 행위 원칙
과 관련된다. 우리는 칸트가 영리함(Klugheit)의 명법이라는 표현으
로 전통적 쾌락주의 윤리학을 지칭하여 이를 숙련성의 명법에 포함
시키고,[95] 더 나아가 숙련성의 명법을 기술적 실천의 원칙으로 보
고 있는 것에 주목해야 한다.

근대 과학의 상승기에, 다시 말해 낙관적 전망으로 가득찬 시대
에 칸트는 이미 기술에 의해 배가된 욕망과 도덕성 사이의 거리가
점증하리라는 불길한 예측에 근거하여 "모든 과학이 가지는 실천적
부분",[96] 즉 '기술적'[97] 실천은 도덕적 내용을 갖지 않는다고 본 것
이다. 기술적 명법에서는 "목적이 합리적인가 또는 善한가의 여부는
문제되지 않고 이 목적에 도달하기 위해 무엇을 해야하는가만이 문
제가 된다."[98]

칸트가 근원적으로 파악한 실천 철학상의 위기는 오직 이러한 목
적 합리성만이 지배하는 상황이며, 따라서 일차적 과제는 가언명법
이상의 것이 있음을 보여주는 것이다. 이러한 과제를 '욕망에 봉사하
는 한에서의 이성' 개념과 같은 홉스類의 인간학에 의해 수행하기란
불가능하다는 인식에서 그의 '도덕 형이상학'의 기획이 출발한다.[99]
따라서 칸트의 실천 철학을 일관하여 흐르는 자율의 이념은 일단

---

95) 'Geschicklichkeit에 Klugheit가 속한다'는 *Grundlegung zur Metaphysik der Sitten,* BA 42(『도덕철학 서론』, 210)의 주장 참조.

96) *Grundlegung zur Metaphysik der Sitten,* BA 41(『도덕철학 서론』, 209).

97) *Grundlegung zur Metaphysik der Sitten,* BA 44(『도덕철학 서론』, 211) 참조.

98) *Grundlegung zur Metaphysik der Sitten,* BA 41(『도덕철학 서론』, 209).

99) 회페가 칸트 윤리학의 현대적 의의를 '공리주의에 대한 의미심장한 대
안'이라는 점에서 찾는 까닭도 칸트 실천 철학적 기획의 이러한 특성을
주목하기 때문이다. 이에 대해서는 O. Höffe, *Ethik und Politik,* Frankfurt
am Main, 1979. 84 참조.

“도덕성의 최상 원칙의 탐구와 확정”[100]이라는 과제에서 드러난다. 이것이 그의 정언명법에 관한 익히 알려진 정식화로 나타난 것이다.

2. 칸트 윤리학의 과제

도덕성의 구조 해명이 칸트 실천 철학의 제일의 과제인 것은 분명하다. 칸트는 이 구조를 무조건적 명령의 형식을 띠는 원칙으로 밝혀 낸 것이다. 그러나 이러한 해명에도 불구하고 아직 답해지지 않는 문제가 있다. 그것은 우리는 왜 도덕적이어야 하는가 하는 문제이다. 이는 선의 절대적 명령이 과연 현실적인가, 우리가 이것에 따르는 것은 어떻게 가능한가 하는 문제들을 포함한다. 도덕성의 구조를 개념적으로 구명하고 이에 근거하여 도덕적 행위와 비도덕적 행위, 도덕적 원칙과 비도덕적 원칙을 구분하는 것이 모든 윤리학의 주요 과제임은 말할 것도 없다. 그러나 도덕성의 원칙이 현실적 구속력을 갖지 않는다면, 그리고 그러한 명령에 따를 수 있는 우리의 능력이 확보되지 않는다면, 그 명령은 단순한 구호에 지나지 않을 것이다. 그래서 도덕성의 최상 원칙을 확정함으로써 타락을 방지하려는 실천적 관심도 원칙의 근거지음이라는 더욱더 이론적인 작업, 즉 철학적 윤리학에 의해 뒷받침되어야 하는 것이다.

일찍이 칸트에게 이 문제와 관련하여 자극을 주었던 것은 도덕 감정설이었다. 물론 칸트는 도덕성을 ‘快’라는 감정에 환원시키는 전통적 쾌락주의에 대해서 그랬던 것처럼 도덕 감정설에 대해서도 호의적이지 않았다. 심지어 칸트는 오직 博愛感으로부터 남을 돕는 행위 자체는 아직 도덕적 내용을 갖지 않는다고 본다.[101] 아무리 도

---

100) *Grundlegung zur Metaphysik der Sitten*, XV(『도덕철학 서론』, 187).
101) 이 경우는 행위가 의무에 적합하면서도(pflichtmäßig) 그 행위가 의무로부

덕적 감정이라 할지라도 그것이 감정인 한 보편적 원칙과는 관계없기 때문이다.[102] 선의 판정 원리에 관한 한 칸트는 도덕 감정설을 쾌락주의 윤리학의 범주하에 분류한다. 그러나 도덕적 통찰이 이론적 인식 이상이란 것을 지적해 주고 궁극적으로는 칸트 또한 이런 주장에 동조하지 않을 수 없게 만든 것은 바로 도덕 감정설이었다. 도덕 감정설이 당시 합리적 윤리학과 달랐던 점은 도덕적 행위의 內的 動因이라는 문제를 제기한다는 것이었다. 의욕 능력을 인식 능력의 종속 변수로 보는 한 당시의 합리적 윤리학은 이 문제를 은폐하거나 해결된 것으로 전제할 뿐이었다. 문제의 핵심은 이론적 인식과는 다른 의식 현상인 '선에 대한 同意(Zustimmung)'를 어떻게 해명하느냐 하는 것이었다. 여기서 관건이 되는 것은 감성과도 다르고 동시에 이론적 인식의 주체인 이론적 이성과도 다른 보편적 동기화 능력을 찾아내고 이에 근거하여 도덕성의 무조건적 명령을 근거짓는 일이다. 이러한 기획이 실천 이성 비판을 관철하고 있다. 그의 실천 철학의 主著가 '순수 실천 이성 비판'이 아니라 '실천 이성 비판'이라는 제목을 갖는 것은 이러한 기획을 압축적으로 표현해 준다. 왜냐하면 그 제목에는 善의 무조건적 요구에 同意하는 '순수 실천 이성'을 확보하기 위해 '경험에 제약된 실천 이성' 또는 '오직 욕망에 봉사할 뿐인 이성'을 비판한다는 의미가 함축되어 있기 때문이다.[103] 따라서 『실천 이성 비판』은 '인식의 가능성을 경험에 한정하고 자신에만 근거하는 이성의 사용을 비판한다'는 『순수

터(aus Pflicht)가 아니라 직접적 경향성으로부터 나온 경우이다. *Grundlegung zur Metaphysik der Sitten*, BA 9(『도덕철학 서론』, 193) 참조.

102) *Grundlegung zur Metaphysik der Sitten*, BA 92(『도덕철학 서론』, 235) 참조.

103) I. Kant, *Kritik der prktischen Vernunft*, in: Kant's Gesammelte Schriften, Bd. 5, A 3. 이것의 한글 번역본. I. 칸트 지음, 최재희 옮김, 『실천 이성 비판』, 1991, 서울, 참조.

이성 비판』의 과제와는 정반대의 과제를 갖는 셈이다.

이렇듯 정언명법의 근거지음이라는 칸트 실천 철학의 두 번째 과제는 그것의 본성상 제일의 과제보다 더욱 많은 노력을 요구하는 것이었다. 잘 알려진 대로 이 어려움은 '자유'의 문제와 관련되어 있다. 왜냐하면 이성이 욕구에 종속되지 않으려면 오직 자유만이 그것의 근거일 수 있는데 그의 순수 이성 비판은 이미 자유의 이론적 인식 가능성에 대해 부정적 판결을 내렸기 때문이다. 요점은 자유의 실재를 실천적 영역에서 어떻게 확보하느냐 하는 것이었다. 칸트는 자유야말로 그의 실천 철학의 전 체계의 요석(Schluβstein)이라 말한 바 있다.

결론부터 말하자면 정언명법이 어떻게 가능한가 하는 과제와 우리는 어떻게 정언명법에 따를 수 있는가 하는 과제는 각각 '이성의 사실'과 '법칙에 대한 존경'이라는 그의 학설에 의해 답해진다. 이러한 대답과 더불어 칸트의 철학적 윤리학은 초감성적 실재에 대한 전통적 논의인 형이상학과 어떤 형태로든 다시 관계하게 된다.

Ⅱ. 선 자체로서의 도덕성

칸트의 가치 존재론에 대한 연구는 내가 새삼스럽게 더 보탤 필요도 없을 만큼 많다. 나는 요나스와의 비교를 위해 꼭 필요한 한에서만 간략히 살펴볼 작정인데, 먼저 1. 도덕성의 원칙으로서의 도덕 법칙에 대한 칸트의 논의에서 시작할 것이다. 다음으로 2. 이 도덕 법칙이 어떻게 가능한가의 문제와 관련한 칸트의 답변, 즉 '이성의 사실'로서의 도덕 법칙이라는 칸트의 주장을 살펴볼 것이다. 마지막으로 3. 이상에서 살펴본 가치 존재론과 정합적인 관련을 갖는 한에서 '目的 自體로서의 인간'이라는 칸트의 주장을 살펴볼 것이다. 특히 이 부분은 목적 자체를 인간 영역에만 국한하지 않는 요나스와의 비교를 위해 긴요하다.

1. 도덕성의 원칙으로서의 도덕 법칙

칸트는 도덕성과 그것의 원칙을 구명하기 위해 이미 "상식에 내재해 있어 가르쳐지기보다는 단지 계발될(aufgeklärt) 수 있을 뿐인"[104] 善 意志를 단서로 삼는다.

> 이 세계 내에서나 이 세계 밖에서나 무조건적으로 선하다고 간주될 수 있는 것은 오직 선 의지밖에 없다.[105]

행복, 명예, 용기 등은 그것을 사용하는 사람의 의지가 선한 한에 있어서만 선할 수 있다는 의미에서 선 의지에 종속된다. 도덕이 문제되는 한 선 의지는 여타의 가치들의 제약 조건이 된다는 점에서 그 자체로 선하다는 것이다. 여타의 가치들을 제한한다는 것은 戰略的 가치, 즉 그것을 추구하는 주관에 대해서만 타당할 뿐인 가치를 제한한다는 것이고 결국 보편타당한 가치를 추구한다는 것이다. 이렇게 선 의지가 가치 자체라는 말은 객관적이고 보편타당한 가치를 추구하는 능력이 가치 자체라는 말과 동일하다. 이제 과제는 (보편타당하다는 의미에서) 객관적인 가치를 추구하는 능력의 구조를 분명하게 드러내는 것이다. 이는 결국 선 의지의 원칙을 명료한 형태로 제시하는 일이다. 칸트는 그의 『도덕 형이상학의 定礎』(*Grundlegung*

---

104) *Grundlegung zur Metaphysik der Sitten*, BA 8(『도덕철학 서론』, 192).
105) *Grundlegung zur Metaphysik der Sitten*, BA 1(『도덕철학 서론』, 189).

zur Metaphysik der Sitten)에서 일단 '도덕에 관한 이성의 일상적 인식에서 목격되는 義務의 개념'을 분석하면서 논의를 시작한다. 칸트가 '의무의 개념이 선 의지의 개념을 내포하고 있다'고 본 이유는 '의무로부터의 행위'가 행위의 무조건성을 보여주기 때문이다. 다시 말해서 이 행위의 무조건성은 여타의 가치들을 조건짓고 제한하는 선 의지의 결과일 것이고 그런 한에서 선 의지의 특성을 드러내기 때문이다. 그러나 '의무로부터의 행위'의 필연성은 실은 의무 의식 자체를 규정하고 있는 필연성으로부터 나온 것이다. 궁극적으로 행위가 아니라 의지, 즉 무조건성과 관계하는 원인으로서의 의지의 차원에서 필연성이 해명되어야 하는 것이다. 칸트의 말대로 의지란 원칙에 입각해서 행위하는 능력이기 때문에, 행위는 그것이 '의무로부터의 행위'라면 의지의 행위 원칙으로부터 나온 것일 수밖에 없다. 그런데 칸트에 의하면 이 원칙은 ① 무조건성의 형식과 ② 명령의 형식을 취할 수밖에 없다. 우선 객관적 선을 추구하는 능력이라면 보편성과 필연성을, 한마디로 무조건성의 능력을 지녀야 한다. 다음으로 명령의 형식을 취할 수밖에 없는 이유는 원칙에 입각하여 행위할 수 있는 능력으로서의 의지가 이중적 성격을 지니기 때문이다. 의지는 특정 목적을 위한 수단으로서의 행위를 원칙에 입각하여 추구할 수도 있고 객관적 목적을 원칙에 입각하여 추구할 수도 있기 때문이다. 전자의 경우 의지의 원칙은 설령 그것이 명령의 형식을 취한다 하더라도 엄밀히 말하면 명령이 아니라 사실의 원칙이다.[106] 이렇게 '원칙에 입각하여 주관적 선을 추구할 수도 있는 의

---

106) 모든 전략적 행위의 목표를 행복이라는 이름으로 추상적으로 표현할 수 있다면, 행복을 추구하라는 의지의 원칙은 실은 명령이 아니다. 왜냐하면 모든 이가 사실상 행복을 추구하고 있기 때문이다. *Kritik der prktischen Vernunft*, A 65(『실천 이성 비판』, 41) 참조.

지'에 대한 '보편적으로 타당한 의지'의 관계는 전자의 측에서 보자면 당위요 후자의 측에서 보자면 명령이다. 보편타당한 선을 추구하는 능력인 선 의지에서 의식되는 '무조건적 명령의 형식을 취하는 법칙'은 칸트에 의해 다음과 같이 정식화된다.

> 네 의지의 준칙이 늘 동시에 보편적 입법의 원칙으로서 타당할 수 있도록 행위하라.[107]

원칙에 입각하여 행위할 수 있는 능력으로서의 의지가 선 의지일 수 있는 경우란 의지 자신의 원칙, 즉 準則이 보편적 원칙으로서 타당한 경우뿐이다. 그러므로 칸트가 '실현 여부와는 관계없이 의욕 자체만으로도 선하다'고 본 선 의지의 핵심 규정은 '준칙의 立法的 형식', 즉 순수 실천 이성의 근본 법칙인 도덕 법칙이다.

2. '이성의 사실'로서의 도덕 법칙

단순하게 말해서 정언명법의 법식으로 확인된 도덕성의 원칙은 보편타당한 선을 추구하라는 것이고, 도덕성 또는 선 의지는 이 명법에 따라 행위하는 능력이다. 남은 과제는 이러한 도덕성이 현실적임을 입증할 수 있느냐 하는 것이다. 이는 도덕성의 원칙이 어떻게 가능한가 하는 것과 동일하다. 잘 알려진 대로 이 문제는 자유의 문제와 관련되어 있다.

칸트의 설명에 따르자면 원칙에 따라 행위할 수 있는 능력으로서의 의지는 이중성을 갖는다. 행위의 원칙, 즉 준칙은 오직 이성을 통해서만 기획되기 때문에 원칙에 입각하여 행위할 수 있는 능력으

---

107) *Kritik der prktischen Vernunft,* A 54(『실천 이성 비판』, 33).

로서의 의지는 실천 이성 일반이다. 그런데 의지의 준칙이 보편타당하지 않다면, 다시 말해 준칙의 당사자에게만 타당하다면, 이 원칙은 제약된 원칙이고 이때의 의지, 즉 실천 이성은 경험에 제약된 실천 이성이다. 칸트가 보기에 이때의 의지는 행위를 일으키는 힘을 자기 자신으로부터 갖지 못하며 따라서 자유롭지 못하다. 이에 비해 자유로운 의지란 행위를 일으키는 인과성을 외적인 원인과는 독립적으로, 자기 자신 내에 갖는 의지이며 "자신에 대해 법칙일 수 있는 의지", 스스로 입법적인 의지이다. 결국 칸트에 의하면 "자유로운 의지란 도덕법 아래에 있는 의지와 하나이다."108) 만일 의지의 자유가 인식 가능하다면, 이와 동시에 도덕 법칙은 정당화된다. 그러나 칸트의 이론 철학에 따르면 감성적 소여로부터 독립된 영혼의 성질로서의 자유를 인식하는 것은 불가능하다. 물론 이론 철학이 자유의 존재 가능성마저 부인한 것은 아니었지만 이러한 초감성적 실재, 이념을 대상적으로 인식하기 위해서는 지성적 직관이 요구되기 때문에 인식 불가능하다고 결론지었던 것이다. 무조건적으로 실천적인 것, 무조건적으로 의지를 규정하는 것으로서의 도덕 법칙에 대한 의식이 자유의 인식으로부터 나올 수 없다는 것은 결국 도덕 법칙을, 따라서 도덕성을 이론적 인식 능력에 의해서는 근거지을 수 없다는 것을 의미한다. 이제 남은 방법은 이론적 演繹에 의하지 않고 도덕 법칙의 실재성을 확인하는 것이다. 만일 도덕성의 원칙이 현실적인 것으로 입증된다면, 오히려 이를 통해 우회적으로 자유가 변호될 수 있을 것이다.109) 칸트의 최종적인 결론은 '도덕 법

---

108) 이상 *Grundlegung zur Metaphysik der Sitten*, BA 98(『도덕철학 서론』, 238).

109) 이런 점에서 초감성적 실재로서의 자유는 적극적 설명의 대상이 아니라 소극적 옹호의 대상이다. *Grundlegung zur Metaphysik der Sitten*, BA 121(『도덕철학 서론』, 250) 참조.

칙은 이성의 사실이다'라는 것이다.

> 우리는 이러한 근본 법칙의 의식을 이성의 사실이라고 부를 수
> 있다. 왜냐하면 우리는 이 근본 법칙을 선행하는 이성의 所與로부
> 터, 예를 들면 자유 의식으로부터 끄집어낼 수 없으며(이 의식은
> 우리에게 미리 주어져 있지 않으므로), 이 법칙은 순수 직관에도
> 경험적 직관에도 근거하지 않는 아프리오리한 종합 명제로 우리에
> 게 그 자체로 다가오기 때문이다.110)

'이성의 사실로서의 도덕 법칙'이라는 주장은 외관상 모순적인 것
처럼 보인다. 왜냐하면 이성은 아프리오리한 인식의 능력인 데 비해
일반적으로 사실은 경험 영역에 속하는 것이기 때문이다. 그러나 칸
트가 '사실'로 나타내고자 하는 주요 의미는 '소여성'(Gegebenheit)이
지 '감각 경험적 사실성'이 아니다.

> 이 법칙을 오해 없이 주어진 것으로 간주하기 위해서는 우리는
> 이 법칙이 결코 경험적 사실이 아니라 순수 이성의 유일한 사실이
> 라는 점에 주의해야만 한다……111)

동시에 법칙이 이성에 주어진 것이라는 칸트의 주장은 '법칙은
이성이 구성해 낸 것'이라는 의미로 받아들여질 수 없다. 그렇게 받
아들여질 경우 법칙은 이성의 조건으로 완전히 환원될 것이다. 칸

---

110) *Kritik der praktischen Vernunft*, A 55-56(『실천 이성 비판』, 34). 정언명법
　　의 법식의 아프리오리한 특성은 그것의 정언성에서 드러난다. 그리고
　　종합적인 특성은 명법성에서, 즉 순수 이성과 의지라는 서로 다른 것
　　사이의 결합, 완전한 의지와 경험에 제약될 수 있는 의지 사이의 결합
　　이라는 점에서 드러난다. *Grundlegung zur Metaphysik der Sitten*, BA 50
　　(『도덕철학 서론』, 214) 참조.

111) *Kritik der praktischen Vernunft*, A 56(『실천 이성 비판』, 34-35).

트가 '이성의 사실'에 의해 나타내고자 했던 것은, 도덕 법칙은 이
성이 고안[112])해 냈기 때문에 우리에게 의식되는 것이 아니라 도덕
법칙이 그 자체 명령의 형식으로 우리에게 육박해 들어오기 때문에
의식된다는 것이었다.

> 만일 이 법칙이 우리 안에 주어져 있지 않았다면, 법칙 그 자체
> 를 그 어떤 이성에 의해서도 창작해 내지 못할 것이거나 아니면
> 그 법칙이 자의의 탓이라고 강변했을 것이다. 그러나 그 법칙이 모
> 든 다른 (우리의 자유의) 충동들에 의해서 규정되는 것으로부터 우
> 리의 자의가 독립적임을 우리로 하여금 의식하게 해주며 동시에
> 모든 행위들에 대한 책임 귀속 능력을 의식하게 해준다.[113])

말하자면 칸트가 '이성의' 사실(Faktum der Vernunft)로 의미하고
자 했던 것은 정확하게 말하자면, '이성에 주어진', 따라서 '이성에
대한' 사실(Faktum für die Vernunft)인 셈이다. 이성의 사실이 존재
론적 함의를 갖는 이유가 여기에 있다. 칸트는 그의 이론 철학에서
대상 의식과 대상들의 규칙을 자기의식과 자기의식의 규칙들로부터
연역하는 데 성공했고 이로써 자연 과학적 존재론을 정당화한 바
있다.[114]) 그러나 가치 존재, 즉 보편적 이념으로서의 선은 이론 이
성적 근거지음 이상의 어떤 것을 요구한다. 도덕 법칙이 먼저 주어
지기 때문에 그것이 의식되는 것이다. 주어지는 도덕 법칙과 이를
의식하는 이성 양자는 자기의식의 규칙과 이를 의식하는 자기의식

---

112) 이런 점에서 칸트에 있어 의무화의 이념은 고안되는 것은 아니되 그렇
　　 다고 대상적으로 발견되는 것도 아니다. 요나스의 세계 내 사태로서의
　　 선 자체는 대상적으로 발견된다. 이에 대해서는 뒤에 다룬다.

113) I. Kant, *Religion innerhalb der Grenzen der bloßen Vernunft*, in: Kant's
　　 Gesammelte Schriften, Bd. 6, B 16.

114) 이에 대해서는 D. Henrich, *Selbstverhältnisse*, Stuttgart, 1983, 183-188 참조.

양자와는 존재론적으로 다른 차원에 속하는 것이다. 도덕성은 자기 의식으로 환원되지 않는다.

헨리히에 따르면 '이성의 사실'이라고 하는 칸트의 학설은 도덕 법칙을 이론 이성으로 환원하고자 했던 약 20여 년에 걸친 시도가 수포로 돌아가고 난 후의 산물이다.[115] 물론 자유가 전제된 상태에서 선의 요구의 무조건성은 이론 이성에 의해 그 구조가 해명될 수 있다. 칸트는 이미 1765년에 이 무조건성을 정언성으로, 따라서 준칙의 합법칙성으로 해명할 수 있었다. 그러나 도덕적 의식에는 이론적 통찰에 낯선 계기가 있는데 그것이 바로 구속성의 의식, 즉 선의 무조건적 요구에 대한 동의이다. 선에 대한 만족과 악에 대한 罪責 등의 의식은 도덕성의 본질을 형성한다. 이처럼 '선의 요구가 어떻게 가능한가' 하는 문제는 '어떻게 우리가 선의 요구에 동의하는가' 하는 문제와 동전의 양면을 이룬다. 만일 선의 요구에 대한 동의가 이론 이성의 활동으로 해명될 수 있다면, 선은 그야말로 이론 이성에 의해 근거지어질 수 있을 것이다. 따라서 도덕성은 자기 의식으로 환원될 것이고 윤리학은 존재론의 부분 집합이 될 것이다. 그러나 이를 위한 갖가지 시도는, 칸트 자신의 고백에 의하면, '헛된 시도'[116]였다는 것이 『실천 이성 비판』의 시기에 이르러 최종적으로 확인된다. 결국 선험적 자유가 이론적으로 근거지어지지 않는 한, 정언명법을 이론적으로 근거짓는 것은 불가능하다.[117] 증명 실

---

115) D. Henrich, Der Begriff der sittlichen Einsicht und Kant's Lehre vom Faktum der Vernunft, in: Gerold Prauss hg., *Kant. Zur Deutung seiner Theorie von Erkennen und Handeln*, Köln, 1973, 223-254 참조.

116) *Kritik der praktischen Vernunft*, A 82(『실천 이성 비판』, 52) 참조. 그리고 "……어떠한 연역에 의해서도 도덕 법칙의 객관적 실재성은 입증될 수 없다"는 *Kritik der praktischen Vernunft*, A 81(『실천 이성 비판』, 52)의 주장 참조.

패의 결론인 '이성의 사실'에서 '이성'은 도덕 법칙의 '경험으로부터의 독립성'을, '사실'은 '단지 주어질 뿐 근거지을 수 없음'을 의미한다.

그러나 근거지을 수 없음이 바로 부인할 수 있음을 의미하는 것은 아니다. 도덕 법칙은 근거지을 수 없음에도 불구하고, 그리고 경험적으로 주어지지 않음에도 불구하고, 여전히 이성에 주어져 있기 때문이다. 칸트에 의하면 이성의 사실은 결코 부인할 수가 없다. "우리는 오직 인간들이 그들 행위의 합법칙성에 관하여 내리는 판단을 분석해 보기만 하면 된다"118)는 것이다. 부인할 수 없는 이성의 사실에 대한 칸트 자신의 예를 들어 보자.

> ……領主가 거짓된 구실을 붙여 죽이고자 하는 의인에 대해 위증할 것을, (만약 위증하지 않으면) 즉결 처분하겠다고 위협하며, 강요할 때에 그 (강요받은 자)가 삶에 대한 사랑이 아무리 크다 한들 이 사랑을 극복하는 것이 가능하다고 여기는지 그에게 물어보라. ……스스로 그렇게 할지는 아마도 그 또한 감히 확언치 못할지도 모른다. 그러나 그렇게 하는 것이 가능함을 그는 주저 없이 승인해야 한다.119)

---

117) 도덕성을 자기의식으로부터 연역하려는 시도가 헛된 시도라는 통찰과 더불어 그의 이원론, 즉 이론 이성과 실천 이성, 자연의 형이상학과 도덕의 형이상학의 구도가 확정되었다. 헨리히에 의하면 그럼에도 불구하고 칸트의 이와 같은 구조는 오직 하나이자 동일한 이성에 의해 양자를 통일하고 있다는 점에서 윤리학과 존재론 양자의 일방적 의존성이나 전적인 무관계성을 주장하는 이론들보다 우위에 있다. D. Henrich, Der Begriff der sittlichen Einsicht und Kant's Lehre vom Faktum der Vernunft, 249-250 참조.

118) *Kritik der praktischen Vernunft*, A 56(『실천 이성 비판』, 35).

119) *Kritik der praktischen Vernunft*, A 54(『실천 이성 비판』, 32). 이상 괄호 안은 나.

요컨대 실제로 위증할 수는 있어도 위증해서는 안 된다는 의식의 현사실성(Faktizität)은 부인할 수 없다는 것이다. 그리고 그가 이를 부인할 수 없는 한, 실제로 위증을 하건 안 하건 간에, 그는 (최소한 가능적으로) 자유롭다.

> 그것을 해야 한다는 것을 그가 의식하기 때문에 그는 어떤 것을 할 수 있다고 판단하며 도덕 법칙이 없었더라면 그에게 알려지지 않은 채로 있었을 자유를 자기 내에서 인식한다.[120]

칸트는 도덕 법칙의 실재성에 대한 이론적 증명이 불가능하다는 것을 인정하기에 주저하지 않았지만 그럼에도 불구하고 이러한 불가능성을 인정하는 대목이면 반드시 도덕 법칙의 실재의 확실성을 부언한다. 어쨌든 칸트에 따르자면 '우리는 왜 도덕적이어야만 하는가?'라고 묻는 회의주의자를 (초감성적 실재를 이론적으로 증명하지 않는 한) 결정적으로 물리칠 수는 없다. 그러나 제아무리 회의주의자라 하더라도 도덕 법칙의 표상이 의식 내에 존재한다는 것을 부정하지는 못한다는 것이다. 의식 내에 이성의 사실이 없다고 강변하는 회의주의자를 직접적으로 물리칠 수는 없지만, 칸트에 의하면 이러한 회의주의자는 이성의 사실을 이성에 의해 부정하는 모순을 범한다.

> (인식 능력과 욕구 능력의 아프리오리한 원칙들을 해명하려는) 나의 노력에 대해 어떤 이가 그 어떤 아프리오리한 인식도 존재하지 않는다는 뜻밖의 발견을 한 경우보다 더 나쁜 상황이란 없을지도 모른다. 그러나 여기에는 어떤 곤란도 없다. 이는 그가 이성이 없다는 것을 이성에 의해 입증하려는 것과 똑같을 것이기 때문이다……[121]

---

120) *Kritik der praktischen Vernunft*, A 54(『실천 이성 비판』, 32-33).

도덕성과 도덕성의 원칙이 어떻게 가능한가를 보여주는 칸트의 기획을 전체적으로 보았을 때 그가 '이성의 사실'로 말하고자 했던 것은 '우리가 의식할 수 있는 유일하게 의미 있는 자유는 실천적 맥락에서만 가능하며 따라서 자유는 실천적 실재성을 가진다'는 것이다.

> 이 (이성의) 사실은 의지의 자유의 의식과 불가분하게 결합되어 있으며 더 나아가 의지의 자유의 의식과 하나이다.122)

> ……만일 도덕 법칙과 실천 이성이 그렇게 하지 않았더라면, 그리고 우리에게 (자유의) 개념을 강요하지 않았더라면, 우리는 결코 자유를 학문에 끌어들이는 대담한 시도를 하지 않았을 것이다.123)

설령 사변적 신을 대상적으로 인식할 수 있는 지성적 직관이 우리에게 있다 하더라도, 그러한 목적 왕국(이를테면 천당)의 元首 또한 자의적으로 행위 하는 것이 아니라 도덕 법칙에 따른다고 하는 칸트의 언급은 실천적 의미의 자유의 우선성을 잘 보여준다.124) 도덕 법칙이 이성적 존재자의 정의적 특성이며 신이라 할지라도 이 도덕 법칙에 입각해서 행위할 수밖에 없다는 것이다.

---

121) *Kritik der praktischen Vernunft*, A23(『실천 이성 비판』, 11). 괄호 안은 나. 칸트는 여기서 일종의 반성적 논증을 제시하고 있는 것으로 보인다. 그러나 이러한 논증은 도덕 법칙뿐만 아니라 선험적 종합 명제 일반에 대해서도 적용될 수 있다. 칸트는 아펠과 같은 종류의 화용론에 입각한 반성적 논증을 제시하지는 않는다. 다른 곳에서 칸트는 예외에 대한 욕구를 느끼는 것 자체가 이미 예외를 허용치 않는 정언명법이 있다는 것을 증명한다고 봄으로써 이와 유사한 논증을 하고 있다. 이에 대해서는 *Grundlegung zur Metaphysik der Sitten*, BA 58-59(『도덕철학 서론』, 218) 참조.

122) *Kritik der praktischen Vernunft*, A 72(『실천 이성 비판』, 46). 괄호 안은 나.

123) *Kritik der praktischen Vernunft*, A 54(『실천 이성 비판』, 32). 괄호 안은 나.

124) *Grundlegung zur Metaphysik der Sitten*, BA 85(『도덕철학 서론』, 232).

3. 목적 자체로서의 도덕성

'목적 자체로서의 인간'이라는 칸트의 용어가 무엇을 의미하는가를 살펴보는 것은 '선 자체로서의 목적성'을 주장하는 요나스와의 비교를 위해서도 중요하다. 칸트의 이 개념은 이성적 존재자, 인격 등의 개념과 밀접히 연관되어 있다. 우선 이 두 개념부터 고찰해 보자.

앞서 살펴본 바에 따르면 순수 실천 이성에 주어진 도덕 법칙을 의식하고 이 도덕 법칙에 입각하여 이성이 의지를 규정하고 傾向性(Neigung)을 제압할 수 있는 한, 인간은 자유롭다.125) 자유를 실체적으로 인식하거나 순수 실천 이성을 대상적으로 인식할 수는 없지만 도덕 법칙이 의식되는 한 자유는 우회적으로 입증된다. 칸트는 도덕성의 담지자로서의 이러한 인간을 이성 존재자, 인격 등으로 지칭한다. 인격성, 인간성 등은 이성 존재자로서의 인간의 定義的 특성인 도덕성을 표현한다. 자유가 인식 불가능한 것과 마찬가지로 이성 존재자나 인격은 일단 대상적으로는 인식되지 않으며, 따라서 이성 존재자로서의 인간은 사실적으로 경험되는 인간과는 다르다. 칸트가 자유의 주체로서의 인간과 자연의 일부로서의 인간 양자를 '동일한 주관 내에서 결합되어 있는 서로 다른 두 구성원'으로 보는 까닭이 여기에 있다. 주의할 것은 칸트적 시각에 따르자면 자연의 일부로서의 인간도 그저 동물적 존재인 것이 아니라 동물적 욕구에 봉사하는 한에 있어서의 이성을 가진 존재일 수 있다는 것이다. 이성을 부여받은 존재라고 해서 바로 도덕성을 소유한 존재인 것은

---

125) "너는 너의 이성에 의해 너의 경향성을 제한할 수 있으며 제압할 수 있다. 이것이 의지의 자유이다." I. Kant, *Metaphysik der Sitten Tugendlehre*, in: Kant's Gesammelte Schriften, Bd. 6, A 170.

아니다. 이와 같은 사정은 『도덕 형이상학의 定礎』와 『실천 이성 비판』에서 사용되는 '이성적 존재자'(vernünftiges Wesen)의 개념에서 '가언명법적 이성을 소유한 존재자'의 의미를 분명히 탈각시키기 위해 칸트가 『도덕 형이상학 덕론』에서 '이성 존재자'(Vernunftwesen)라는 개념을 사용하고 있다는 사실을 주목하면 확인된다. 이에 따르면 '이성적 존재자'는 아직 "이성 존재자"126)가 아니다. 가언명법적인 '이성적 존재자'는 도덕성과는 관계없다.

> 이성적 자연 존재자(현상계의 인간: homo phänomenon)로서의 인간은 원인으로서의 자기 이성에 의하여 감성계 내에서 행위를 규정할 수 있으며 이러한 점에서는 아직 구속성의 개념은 고려되지 않는다. 그러나 바로 동일한 인간이 자신의 인격성에 따라서는, 즉 내적 자유를 갖춘 존재자(예지계의 인간: homo noumenon)로 생각된 경우에는 의무화의 능력이 있는 존재자이다…… 127)

심지어 칸트는 이성적 자연 존재의 이성이 생명적·신체적 존재의 특성일 수 있는 가능성을 배제하지 않는다.

> 인간이 (인간 내에 거주하면서 육체와 구별되고 육체와는 독립적으로 생각하는 능력이 있는, 다시 말해 정신적 실체로서의) 영혼을 갖는지 아니면 생명이라는 것이 오히려 물질의 속성일 수 있는 것은 아닌지에 대해서 우리는 경험에 의해서도 이성의 추론에 의해서도 충분히 알 수 없다.128)

칸트가 말하는 목적 자체로서의 인간은 오직 이성 존재자인 한에

---

126) *Metaphysik der Sitten Tugendlehre,* A 65 참조.

127) *Metaphysik der Sitten Tugendlehre,* A 66.

128) *Metaphysik der Sitten Tugendlehre,* A 66.

있어서의 인간을 가리킨다. 인격성에 의해서만 인간은 목적 자체이다.

> 인간은 사실상 너무나 신성하지 않다. 그러나 인격 내의 인간성
> 은 인간에게 신성한 것임에 틀림없다. 전체 창조물 중에서 인간이
> 원하고 처분할 수 있는 모든 것은 단지 수단으로만 쓰인다. 오직
> 인간만이, 그리고 그와 더불어 모든 이성적 피조물만이 목적 자체
> 이다.[129]

대개의 목적들이 그보다 상위의 목적들을 위해 수단이 될 수 있는 반면에 목적 자체란 그보다 상위의 목적을 위한 수단이 될 수 없는 것을 의미한다. 이 점에서 목적 자체는 "존재한다는 것 자체가 목적인 객관적 목적",[130] "절대적 가치"[131]이며 다른 임의적 목적들을 제한하는 조건이다. 칸트는 『도덕 형이상학의 정초』에서 목적 자체의 법식이 유일한 정언명법으로서의 보편적 타당성의 법칙과 동일하다고 본다. 그 이유는 '목적 자체로서의 이성적 존재자 자신은 수단이 아니라 수단 사용을 제한하는 최상 조건으로서 준칙의 근저에 두어져야만 한다'는 목적 자체의 법식이 '그 어떤 목적에 대한 수단을 사용함에 있어 나의 준칙을 모든 주관에 대한 보편타당한 조건으로서의 법칙하에 두어야 한다'는 법식과 동일한 것을 말하기 때문이라는 것이다.[132] 말하자면 '목적을 위한 수단 사용에 내재하는 준칙이 보편화 가능한 경우'가 바로 '이성적 존재자를 단순히 수단으로 사용하지 않고 목적 자체로 대하는 경우'와 동일하다는 것이다. 위의 인용문에서 드러나듯 오직 인격인 한에 있어서의

---

129) *Kritik der praktischen Vernunft*, A 155-156(『실천 이성 비판』, 97).

130) *Grundlegung zur Metaphysik der Sitten*, BA 65(『도덕철학 서론』, 222).

131) *Grundlegung zur Metaphysik der Sitten*, BA 65(『도덕철학 서론』, 222).

132) *Grundlegung zur Metaphysik der Sitten*, BA 83(『도덕철학 서론』, 231) 참조.

인간, 이성 존재자인 한에 있어서의 인간, 도덕성의 소유자인 한에 있어서의 인간만이 목적 자체일 수 있다. 이성 존재자가 대상적으로 인식될 수 없듯이 목적 자체로서의 인간도 대상적으로 경험되는 사실적 인간이 아니다.133) 이념으로 부를 수 있는 이러한 이성 존재자로서의 인간을 칸트는 '신성한 의지'라 했던 것이다. 결론적으로 이성 존재자, 도덕성, 인격성, 인간성 등이 그것의 존재를 확인받을 수 있는 유일한 경우란 '이성의 사실'이 의식되는 경우뿐이다. 이처럼 목적 자체로서의 인간은 근본적으로 이성의 사실과 관련할 때에만 정합적으로 이해된다. '법칙에 대한 존경'이 '인격에 대한 존경'과 동의어인 이유가 바로 여기에 있다.

---

133) 칸트가 목적 자체나 목적을 거론하고 있다는 것이 바로 전통적인 목적론적 윤리학으로의 회귀나 그것의 잔재로 해석될 수 없는 이유는 이때의 목적 자체나 목적이 사실로서의 목적이 아니라 당위로서의 목적이기 때문이다. 규범 윤리학적 차원에서 볼 때에도 칸트의 (의무론적) 윤리학은, 단순하게 말하면, 정당화된 목적에 따라서 행위하라는 것에 지나지 않으며, 이때 정당화된 목적이 실제로 추구되고 있는 목적과 결과적으로 같을 수 있다는 것은 하등 이상한 일이 아니다. 칸트가 그의 『도덕 형이상학』에서 타인의 행복을 '동시에 의무인 목적'으로 보고 있는 것은 그것이 내가 실제로 추구하고 있는 목적으로서의 나의 행복이 아니라 마땅히 추구되어야 할 것으로서의 타인의 행복이기 때문이다.(*Metaphysik der Sitten Tugendlehre*, A 16 참조) 나의 행복이나 타인의 행복은 각각 사실상의 나의 목적, 사실상의 타인의 목적이지만, 타인의 목적으로서의 행복은 나에게 마땅히 추구되어야 할 목적, '동시에 의무인 목적'인 것이다. 그리고 '동시에 의무인 목적'은 칸트에 의하면 오직 행위의 준칙을 위한 정언명법에 의해서만 근거지어지는 것이다.(*Metaphysik der Sitten Tugendlehre.* A 19 참조) 우리가 뒤에서 살펴볼 요나스도 사실로서의 목적성에서 출발하지만 그 역시 사실로서의 목적성과 권리로서의 목적성이 똑같다고 주장하지는 않는다.

Ⅲ. 자율의 원칙

지금까지 우리가 살펴본 것은 의무화하는 것(das Verpflichtende), 즉 '선의 구속력'이었다. 구체적으로 말하면 선의 구속력은 어떤 것이며 선의 구속력이 갖는 要求는 어떻게 가능한가 하는 것이었다. 이제 우리는 이러한 요구에 同意하는 능력, 즉 의무화되는 것(das Verpflichtete)에 대해 살펴보아야 한다. 칸트에 있어 선의 요구는 명령으로 의식되는 도덕 법칙이다. 이 요구는 이론적으로 근거지어질 수는 없지만 그것의 실재성을 우리가 결코 의심할 수 없도록 이성에 주어지는 것이다. 그러므로 ① 선의 요구는 우선 '의무화되는 것'으로서의 인간의 이성에 의해 파악된다. 그러나 요구하는 도덕적 대상에 대한 구속성의 의식은 법칙에 대한 파악 능력으로부터 모두 설명되지 않는다. ② '의무화하는 것'에 대한 '의무를 부여받는 주체'의 적극적 일치 활동이 분석되지 않는 한 구속성의 의식은 완전히 규명되지 못한다.

1. 정언명법과 판단력

칸트에 있어 선의 要求는 이성적 형식을 띤다. 그렇기 때문에 선의 요구는 감각의 사실이 아니라 이성의 사실인 것이다. 이론적 인식의 경우 외적 대상에 제일 먼저 대응하는 것은 이성이 아니라 지각이다. 그러나 실천적 통찰에 있어서는 의식 내 타자로서의 법칙에 대응하는 것은 이성이다. 물론 이성에 의한 이러한 통찰은 자연법칙과 같은 현상적 법칙에 대한 통찰이 아니라 명령적 형식의 법칙에 대한 통찰이다. 명령이 이성에 의해 파악되면 당위가 된다. 이성에 의해 통찰된 무조건적 명령이 정언명법이다.

네 의지의 준칙이 늘 동시에 보편적 입법의 원칙으로서 타당할
수 있도록 행위하라.[134)]

그러므로 정언명법의 형식으로 주어지는 선의 요구를 통찰하는
이성은 '준칙의 입법성'에 대한 요구(준칙이 법칙 수립적이어야 한
다는 요구)를 통찰하는 이성이다. 따라서 주어진 도덕 법칙을 통찰
하는 이성은 입법적 준칙과 그렇지 않은 준칙을 구별하는 능력,
즉 가치 판단력이다. 입법적 준칙과 그렇지 않은 준칙의 구분에 입
각하여 이성은 의지에 영향력을 미치는 것이다. 동시에 이렇게 이
성에 의해 통찰된 도덕 법칙은 판단력의 원칙이 된다. 왜냐하면 준
칙이 보편적·필연적 법칙으로서 타당하지 않은 경우 도덕적 내용
을 갖지 못한다고 이 명법은 말하고 있기 때문이다. 다시 말해 정
언명법은 의지(및 그것의 준칙)가 어떤 외적 질료가 아니라 자신의
입법적 형식에 의해서만 규정되고 이러한 입법적 준칙에 따라 행위
할 때 선한 행위가 산출된다고 말하고 있기 때문이다. 요컨대 칸트
에 있어 판정 원리는 정언명법, 즉 의지 규정의 보편적 형식이고,
선의 판정 주체는 이 형식에 입각한 '가치 판단력으로서의 이성'이
다. 준칙의 선·악은 이 형식과의 일치 또는 불일치에 의해 판정된
다. 의지의 형식이 선의 내용을 규정한다는 것은 인식의 대상이 우
리의 직관의 규칙들에 따른다고 하는 칸트의 이론 철학적 통찰에
선행한다.[135)]

칸트 당시의 합리적 윤리학은 비록 스콜라적 목적론에 의해 지지
되는 것은 아니었지만 암묵적으로는 목적론적이었다. 인간 영혼의

---

134) *Kritik der praktischen Vernunft*, A 54(『실천 이성 비판』, 33).

135) '인식론상의 코페르니쿠스적 혁명'에 선행하는 이러한 실천 철학상의
   통찰이 갖는 장점은 세계에 대한 지식이나 도덕 감정에 의존하지 않고
   도 옳은 행위에 대한 판단이 가능하다는 것을 보여준 데 있다.

활동성의 일치(볼프), 진리에의 참여(월러스톤)의 경우에만 '선'이 가능하다면 관건은 인간학적·존재론적 지식일 수밖에 없으며, 따라서 인간이 도덕적이기 위해서는 인간 내적·외적 사태에 대한 인식이 선행해야만 할 것이다.136) 칸트는 합리주의로부터 이러한 '일치'의 개념을 받아들였지만 이를 의지와 사태의 일치로서가 아니라 의지가 자기 자신과 관계함에 있어서의 일치, 다시 말해서 의지에 대한 이성의 관계에 있어서의 (이성의) 보편성, 필연성의 형식과 의지의 일치로 받아들였다.137)

준칙의 선·악 판정에 관한 칸트 자신의 예를 하나 들어 보자. 칸트가 들고 있는 곡물 절도의 예, 즉 곤궁한 상태에서 타인의 곡식을 훔치려는 도둑의 경우에 있어서 보편화는 다음과 같이 진행된다.

> 이제 내가 타인의 곡식을 훔치려 한다고 가정해 보자. 나는 자신이 획득한 물건을 빼앗기는 상황에서 다른 재화를 획득하려는 사람을 알지 못하기 때문에, 나는 도둑질을 나에 대해서는 원할 수 있지만 보편성을 위해서는 원할 수 없다.138)

위에서 '보편성을 위해서는 원할 수 없다'는 것의 의미는 도둑질의 (원칙에 입각한) 의도를 보편화해 보면 도둑질 자체가 성립하지 않는다는 의미와 동일하다. 어떻게 그렇게 되는가? 보편화 과정을 분석해 보면 다음과 같이 될 것이다.139)

---

136) 이 경우에도 윤리학은 존재론의 부분 집합이다. 뒤에서 살펴볼 요나스의 경우에서도, 비록 그의 존재론이 '완전자'를 배제하는 존재론이긴 하지만, 인간 외적 목적성에 대한 인식이 가치 인식의 필요조건이다.

137) 선의 판정 원리와 관련하여 칸트와 당시 합리적 윤리학의 관계에 대해서는 D. Henrich, *Selbstverhältnisse*, Stuttgart, 1983, 18-19 참조.

138) I. Kant, Bemerkungen zu den Beobachtungen über das Gefühl des Schönen und Erhabenen, in: Kant's Gsammelte Schriften, Bd. 20, 161.

① 나는 물건을 내 수중에 넣을 목적으로 도둑질을 하려 한다.

② 모든 사람이 나처럼 물건을 훔친다고, 즉 벌어들인 것은 항상 약탈되기 마련이라고 가정하자: 이때 모두가 실제로 물건을 훔치는 상황은 현실적으로 불가능하다. 즉 이 가정은 사유상의 가정이다.

③ 그렇다면 약탈될 물건을 애써 벌어들일 사람이 있겠는가? (또는 나는 약탈될 줄 알면서도 벌어들이는 사람을 알지 못한다.) : 이 대목이 중요하다. 우선 약탈될 물건을 애써 벌어들일 사람이 없다는 것은 도둑질하려는 사람이 일일이 경험해서 얻은 지식이라고 볼 수 없다. 현실적으로 약탈될 줄 알면서도 계속 벌어들이는 사람이 있을 수 있기 때문이다. 실제의 세계는 오히려 弱肉强食의 세계라고 말하는 편이 오히려 더 정확한 표현일 수도 있다. 그런 세계에서도 약자는 벌어들여야 하는 것이다. 그러므로 약탈될 줄 알면서도 벌어들이는 사람을 알지 못한다는 것은 경험적 지식이라기보다는 자기 자신에 대한 반성의 결과로 나온 것이다. 즉 나라면 뺏길 줄 알면서도 벌어들이겠는가 하는 물음에 대한 자기반성의 결과로 나온 것이다. 이 반성에서 도둑질하려는 의도를 가진 자아는 그 의도를 보편화해 보는 자아에 의해 대상화된다. 중요한 것은 첫 번째 자아와 두 번째 자아가 동일한 차원에 있지 않다는 것이다.[140] 첫 번째 자아는 경험에 의해 제약된 원칙의 소유자로서의 자아이며, 두 번째 자아는 이를 대상화해 보는 이성적 자아인 것이다. 이 반성에 의해 '자기 힘으로 벌어들이는 것은 바로 빼앗기는 것이다'가 자기모순이라는 사실이 밝혀진다. 그렇기 때문에 아무도 약탈될 줄 알면서 벌어들이지 않는다. 따라서

---

139) 이하 번호로 정렬된 내용은 칸트의 논변을 내가 정리한 것이다.

140) 칸트가 상식적인 도덕적 인식이 가능하다고 했을 때 상식인은 일차적으로 이러한 반성 능력의 소유자를 가리킨다.

④ 타인으로부터 훔칠 물건 자체가 없다.

⑤ 그렇다면 결국 나의 애초의 목적, 즉 물건을 수중에 넣으려는 목적은 좌절된다. 물론 이상의 ④, ⑤ 또한 경험적 예측이 아니며, 이는 ③의 추론 과정에 이미 함축된 것이다. 결국 도둑질의 의도는 보편화(사실적 일반화가 아니라)될 수 없는 의도이므로 비도덕적이다.

이와 같이 도둑질의 의도를 보편화해 보면 도둑질 자체가 성립하지 않는다는 것은 사실적 일반화로 이해될 수 없다. 판정의 보편적 특성은 칸트가 정언명법에서 행위가 아니라 준칙을 보편화의 요구 대상으로 보고 있는 대목을 눈여겨보면 더욱 명료하게 드러난다.[141] 이러한 맥락에서 칸트가 들고 있는 예(타인에 대한 완전한 의무로서의 약속 준수)를 하나 더 분석해 보자.

재정의 압박 상태에서 당면의 어려움을 회피하기 위해 갚을 의도 없이 거짓으로 약속하는 사람의 준칙은 "내가 금전적 곤란에 처해

---

141) 칸트에 의하면 준칙이란 주관적인 실천적 근본 명제이고, 근본 명제는 의지에 대한 보편적 규정이다. 준칙은 보편적 규정인 한 목표 정립들의 우연성에 특정의 연속성을 부여하는 원칙이면서도 주관적이라는 점에서는 자발적인 행위자의 고유한 원칙이다. 준칙은 어디까지나 원칙이기 때문에 이 원칙이 구체적 상황을 만나 드러난 행위(혹은 이 행위들의 경험적 일반화로서의 규칙)와는 질적으로 다르다. 예를 들면 건강하게 살기로 한다는 주관적 원칙이 규범적 기준이 되어 구체적 상황에 의해 매개되면 '매일 6시에 일어나야 한다', '하루 한 끼 이상 채식해야 한다' 등의 실천 규칙이 나오는 것이지 이러한 일련의 규칙의 사후적 총합이 준칙인 것은 아니다. 따라서 회폐에 의하면, 동일한 행위가 여러 준칙들의 적용에 의하여 가능할 수 있다. 칸트가 의무에 적합한 (pflichtmäßig) 합법적 행위와 의무로부터의(aus Pflicht) 도덕적 행위를 구분한 이유는 이와 같이 행위라는 결과만으로는 그 행위의 원인이 되는 원칙의 도덕성을 검증할 수 없기 때문이다. 따라서 일차적인 것은 준칙의 도덕성에 대한 물음이며, 그 다음 문제가 준칙과 행위의 관계에 대한 물음이다. 따라서 전자는 정언명법의 주제에 속하고, 후자는 실천적 판단력(아리스토텔레스 식으로 표현하면 프로네시스)의 주제에 속한다. 이상 O. Höffe, *Ethik und Politik*, Frankfurt am Main, 1979, 97 참조.

있다고 믿어지는 경우 나는 돈을 갚겠다고 약속하는 것을, 비록 갚
는 일이 결코 일어나지 않으리라는 것을 내가 아는 경우에도 의지
한다"142)이다. 칸트에 의하면 이 준칙의 보편화, 즉 법칙화는 자기
모순이다.

> 왜냐하면 누구나 자신이 곤경에 처해 있다고 믿는 경우 지키지
> 않으려는 의도를 가지고 그에게 생각나는 것을 약속할 수 있다는
> 법칙의 보편성은, 아무도 자신에게 어떤 것이 약속되었다고 믿지
> 않고 모든 그와 같은 말을 공허한 핑계로 여겨 웃게 될 것이므로
> 약속함과 그 약속함으로 얻게 될 목적 자체를 불가능하게 만들 것
> 이기 때문이다.143)

이 예에서 보편화되어야 할 대상은 거짓 약속의 행위가 아니라
거짓 약속의 원칙이다. 양자의 차이는 경험적 일반화와 논리적 보
편화의 차이와 유사하다. 그러므로 도대체 모든 사람들이 거짓 약
속을 하는 경우가 가능한가 하는 문제는 여기서 배제된다. 그리고
왜 거짓 약속이 보편화되면 이것에 대해 믿음이 생기지 않는지에
있어서 문제는 행위로서의 약속이 아니므로 행위로서의 약속과 관
련된 우연적 상황은 여기서 배제된다. 즉 약속이 거짓인 줄 알면서
도 부주의해서 믿었다든지 아니면 거짓임에도 불구하고 믿는 그런
경우는 배제된다. 중요한 것은 '준칙의 보편화 가능성', 즉 지킬 의
도가 없는 약속과 약속의 이념 간의 모순 여부인 것이다. 결국 지
켜야 할 것으로서의 약속과 지키지 않아도 되는 약속 사이의 모순
이 '믿지 않음'이라는 심리적 현상의 원인이다. 원칙으로서의 거짓
약속에 대해 믿음이 발생하는가 않는가의 여부는 일일이 타인들에

---

142) *Grundlegung zur Metaphysik der Sitten,* BA 54(『도덕철학 서론』, 216).
143) *Grundlegung zur Metaphysik der Sitten,* BA 55(『도덕철학 서론』, 216-217).

게서 확인해 볼 필요가 없으며 단지 자기 자신이라면 그러한 거짓 약속을 믿을 수 있는가를 반문해 보면 되는 것이다. 끝으로 거짓 약속을 믿지 않는 자는 돈을 빌려주지 않는다는 것은 자명하다. 이 경우 '의욕 하지 않음'이 '행위 하지 않음(돈을 빌려주지 않음)'을 함축한다. 의욕 하지 않음에도 불구하고 돈을 빌려주는 우연적인 예외는 여기서 배제된다. 결국 거짓 약속을 믿지 않으면서도 돈을 빌려주는 일이 가능하지 않으므로 준칙의 본래 목적, 즉 돈을 빌리려는 목적이 좌절된다는 것은 자명하다. 이상의 분석에서 핵심은 '약속이란 지키지 않아도 좋은 것'이라는 준칙이 사실적인 모순이 아니라 선의 원칙과의 관계에서 모순[144]이라는 점이다. 그러므로 거짓 약속이 보편화되었을 때 아무도 그것을 믿지 않게 된다는 결과는 사실적인 예측의 내용이 아니다. 이러한 정언명법적 보편화의 특성에 주목하지 않는다면[145] 칸트가 사용한 '모순'이라는 표현은 오해될 수밖에 없다. 결국 거짓 약속의 준칙은 결코 보편화(사실적 일반화가 아니라)될 수 없는 준칙이므로 우리가 실제로 얼마나 약속을 지키는가에 상관없이 비도덕적이다. 칸트에 의하면 이처럼 善·惡의 개념은 '오직 도덕법 이후에만'[146] 규정된다. 따라서 보편화

---

144) 회페 식으로 표현하자면 "非자기 의무화하는 자기 의무화". O. Höffe, *Ethik und Politik*, 111 참조.

145) 맥킨타이어가 모든 사람들이 목적이 아니라 오로지 수단으로만 간주되는 그런 사회라 할지라도 논리적으로는 모순이 없다고 본 것(A. MacIntyre, *After Virtue*, Notre Dame Press, 1984, 46 참조)도 정언명법을 준칙의 보편화가 아닌 행위의 보편화의 요구로 보았기 때문이다. 뒤에서 보겠지만 요나스 또한 칸트의 선의 판정 원리를 이런 식으로 독해하고 있다. 따라서 회페 식의 표현에 따르자면 이들은 정언명법을 이성의 명령이 아닌 실용적 원칙으로 독해하는 것이다.

146) *Kritik der praktischen Vernunft*, A 110(『실천 이성 비판』, 69). 칸트에 의하면 정언명법 이전에는 禍·福의 판정은 가능할지 모르지만 善·惡의 판정은 있을 수 없다. 그리고 악은 선의 원칙의 붕괴이다.

형식을 거치지 않은 의지의 준칙들은 물론이요 주관적 원칙과는 독립적인 독단적(예를 들면 종교적) 규범들 역시 도덕성의 내용을 갖지 못한다. 다시 말해서 오직 보편성의 형식에 의해 매개된 준칙만이 도덕적 내용을 갖는다는 것이다.

2. 법칙에 대한 존경

지금까지 우리는 객관적 선의 요구의 可知的 특성에 대해 살펴보았다. 남은 과제는 이러한 可知的 특성 이상의 것인 '선의 요구'에 주체가 대응하는 방식을 고찰하는 것이다. 앞서 말한 대로 칸트로 하여금 도덕적 의식에서 보이는 同意(Zustimmung)의 현상을 구명하지 않고서는 도덕성을 규명할 수 없다고 보게 한 것은 영국의 도덕 감정설이다. 도덕 철학에서 허치슨의 칸트에 대한 공헌은 이론 철학에서의 흄의 공헌에 비길 만하다. 당시의 합리적 윤리학에 대한 경험주의 윤리학의 비판의 요지는 전자가 동의의 현상을 해명하는 데 무력하다는 것이었다. 이론적인 진리는 스스로 드러나지만, 도덕적 선은 근본적으로 동의되어야 할 성질의 것이다. 물론 도덕 감정설은 선의 요구에 대한 동의가 홉스가 말한 것처럼 계산적 자기애에서 비롯된다고 보지 않았다. 허치슨은 도덕적 행위에 수반되는 특수 감정, 즉 도덕 감정에 의거해서 이 동의의 현상을 해명하려 하였다. 그에 의하면 논리적 추론 능력으로서의 이성은 도덕성에서 드러나는 '선에 대한 선택'을 해명할 수 없다. 칸트 도덕 철학의 발생사에 대한 연구에 따르면 칸트는 1765년에 정언명법을 발견한 후 1769년에 이르기까지 도덕적 의식의 토대를 도덕 감정에서 찾으려 했다. 그러나 1770년 이래 先驗的 統覺이라는 새로운 이성 개념은 칸트로 하여금 이론 이성이 도덕성을 근거지을 수 있으리라는 전망

을 갖게 했고, '이론 이성으로부터의 도덕성의 연역'이라고 하는 이
러한 시도의 흔적은 1785년의 『도덕 형이상학의 정초』에 이르기까
지 감지된다. 그러나 결국 칸트는 도덕 현상에서 자각되는 동의의
현상을 이론 이성에 의해서는 근거지을 수 없다는 인식에 이르게
되는데, 이런 인식의 최종 산물이 '이성의 사실'과 '법칙에 대한 존
경'이다. 헨리히에 따르면 도덕성을 이론적으로 연역하려는 칸트의
시도는 대략 두 가지의 직접적 연역 시도와 한 가지의 간접적 연역
시도를 거치면서 진행된다. 나는 '법칙에 대한 존경'에 대한 칸트의
주장을 고찰하기에 앞서 칸트가 연역 실패의 과정을 거쳐 '법칙에
대한 존경'에 이르게 되는 과정을 간략하게나마 살펴볼 필요가 있
다고 생각한다. 그 이유는 '법칙에 대한 존경'에 대하여 『실천 이성
비판』에서 전개한 칸트 자신의 주장이 일종의 비정합성을 드러내는
측면이 있다고 여겨지기 때문에 '법칙에 대한 존경'의 이론적 배경
을 살펴봄으로써 이 문제와 관련하여 칸트의 윤리학에 대한 정합적
재해석을 도모하기 위해서이다. 헨리히에 따르면 도덕성에 대한 칸
트의 이론적 연역은 다음과 같이 정리된다.

① 질서 부여 기능인 오성의 '질서에 대한 만족과 무질서에 대
  한 혐오'로부터의 연역

이론 인식에 있어 오성은 범주를 통해 감각적 다양으로부터 대상
의 통일을 끌어낸다. 마찬가지로 정언명법을 통해 오성은 의지를 통
일해 낼 것인데 오성이 그렇게 하는 이유는 이 오성에 모순되는 것
은 "논리적인 것에서 이 최상의 힘(오성의 입법적 위력)이 자신과
모순되는 경우와 똑같이 하나의 자연적이고 필연적인 혐오의 대상
이기"147) 때문이다. 요컨대 악의 비보편성, 악의 무규칙성에 대한 오

성의 공포가 정언명법적 질서화를 동기지운다는 것이다. 그러나 칸트는 곧 이러한 '무규칙적인 것에 대한 혐오'는 도덕적 동기가 될 수 없다는 것을 깨달았다. 왜냐하면 도덕적 행위가 무규칙성에 대한 공포의 극복을 위하여 일어났다고 말하는 것은 '내가 나를 선의 무조건적 요구하에 두는 것을 안다고 하는 바로 그 이유 때문에 그 어떤 상황에서도, 그리고 모든 경우에 있어 저항의 모든 정도를 극복해야 한다"148)는 도덕적 의식의 확신을 근거지을 수 없기 때문이다.

② 행복에 대한 기대로부터의 연역

의지의 보편성의 형식이 우리의 활동성의 최고치를 부여하는 것이라면 이 형식은 또한 우연적 행운을 분배하고 질서짓는 데 있어 최대치를 끌어낼 수 있을 것이다. 이 행운의 총개념이 행복이며 칸트에 의하면 이 개념은 현실 세계에서는 성취될 수 없는 상상력의 이상이다. 그리고 이 상상력의 이상에 오성의 질서화 기능이 적용된다. '맹목적 충동들은 일상적으로 서로 반목하기 때문에 우리의 오성은 보편적 규칙을 기획하여 이 충동들을 질서 지어 최대한의 조화를 끌어낸다'149)는 것이다. 그런데 '행복할 자격이 있음(Würdigkeit glücklich zu sein)'으로서의 도덕성은 자체의 요구에 쫓겨서 도덕 신

---

147) I. Kant, Reflexionen 6853, in: Kant's Gsammelte Schriften, Bd. 19 참조.

148) D. Henrich, Der Begriff der sittlichen Einsicht und Kant's Lehre vom Faktum der Vernunft, 241 참조. 뒤에서 보겠지만 요나스는 정언명법적 보편성의 추구가 도덕성의 유일한 내적 동기일 수 없다고 주장하는데 이미 이는 칸트가 비교적 연역 시도의 초기에 버렸던 생각이다. 그리고 요나스가 보편성의 형식이 감정을 유발할 수 없다고 말한 것은 옳지만 만일 존경이 순수 이성의 자발성이며 감정은 그것의 부수적인 확신이라면 비정합성은 해소된다.

149) I. Kant, Reflexionen 6621, in: Kant's Gsammelte Schriften, Bd. 19 참조.

학을 요구한다. 왜냐하면 상상력의 이상은 현세에서는 달성될 수 없기 때문이다. 따라서 '행복할 자격이 있음'으로서의 도덕성은 신적 세계 질서에 대한 신앙에 의해 보완되는 경우에만 인간 행위 내에서 힘을 획득한다. 이러한 상황은 1787년의 『순수 이성 비판』의 제2판에서도 확인된다. 여기서 그는 "'행복할 자격이 있음' 외에는 다른 아무런 도덕적 동인도 갖지 않는 것이 도덕 법칙"150)이며 '全知한 창조자와 피안의 세계를 상정하지 않는 한 도덕 법칙은 공허한 망상'이라고 보고 있다.151) 그러나 신과 내세에 대한 신앙은 사실상 도덕성에서 목격되는 구속성의 의식의 전제가 아니며 오히려 구속성의 의식이 신앙에 선행한다. 왜냐하면 신에 대한 믿음은 이미 최고선의 요구에 대한 동의를 전제하기 때문이다. 요컨대 신앙이 도덕성의 결과이지 도덕성에 신앙이 선행하지는 않는다는 것이다. 칸트는 나중에 가서야 이 모순을 깨달았으며 결국 "이제 신의 현존재의 가정이 필연적으로 모든 구속성 일반의 유일한 근거라는 것은 이해될 수 없다"152)는 생각에 이르게 된다.

---

150) I. Kant, *Kritik der reinen Vernunft,* in: Kant's Gesammelte Schriften, Bd. 4. B 834.

151) *Kritik der reinen Vernunft,* B 839. 참조.

152) I. Kant, Reflexionen 6432, in: Kant's Gsammelte Schriften, Bd. 19. 헨리히에 의하면 칸트 도덕 철학에 있어 도덕 신학의 계기는 그의 성숙된 저작으로 갈수록 감소한다. '행복할 자격이 있음'으로서의 도덕성에 대한 『순수 이성 비판』의 주장은 『실천 이성 비판』에 이르러 '실천 이성의 필연적 요청으로서의 신의 존재'로 축소된다. "성숙기 저작들 내에서 도덕적 신앙은 선 의지의 한 귀결이지 선 의지의 조건은 아니다." 이상 D. Henrich, Der Begriff der sittlichen Einsicht und Kant's Lehre vom Faktum der Vernunft, 253에 있는 注 29 참조.

③ 오성의 자발성으로부터의 간접적 연역

칸트는 그의 이론 철학에서 자기의식과 자기의식이 생각해 낸 사상 및 사상들의 법칙에 주목하여 자기의식의 통일성을 선험적 통각으로 구체화했다. 도덕성에 대한 칸트의 간접적 연역은 이 통각의 자발성이 정언명법에서 드러나는 동의의 자기 활동성을 설명해 줄 수 있으리라는 착상에서 시작한다. 도덕적 요구를 의심하는 것이 의미를 갖기 위해서라도 사유의 자발성은 가능해야 한다는 것이다. 그러나 칸트는 결국 논리적 자유와 도덕성에서 드러나는 자유를 동일시할 수 없다는 결론에 이르게 된다.

> 논리적 자유는 우연적 술어들과 관계한다. 주체에서의 모든 우연성은 반대를 생각할 수 있는 객관적 자유이다. 사상도 역시 행위하기에 충분하다면, 주관적 자유 또한 그러할 것이다. (그렇게 되면) 선험적 자유는 행위의 완전한 우연성이다. 그러나 이는 이성 행위들에 있어서의 논리적 자유이지 선험적 자유는 아니다.[153]

논리적 자유는 우연인데, 이러한 우연은 도덕적 자유에서 드러나는 필연성을 설명할 수 없다는 것이다. 문제는 사상의 법칙이 자아를 도덕적으로 구속하지 못한다는 데 있다. 설령 우리가 논리학의 규칙을 어겼다손 치더라도 이러한 모순은 도덕적 죄책이 아니다.

이처럼 구속성의 의식에서 드러나는 동의를 이론적으로 규명하는 데 실패한 결과 칸트가 얻은 부정적 소득은 '무규칙성에 대한 공포', '행복할 자격이 있음', '논리적 자유'는 결코 구속성의 의식을 해명하지 못한다는 것이었다.[154] 연역 실패의 결과 칸트가 얻은 통

---

153) I. Kant, Reflexionen 5442, in: Kant's Gesammelte Schriften, Bd. 19. 괄호 안은 나.

찰은 '도덕성의 무조건적 요구'를 근거지을 수는 없지만 그렇다고 해서 그 요구를 부정할 수도 없다는 것이다. 선의 존재는 물론 경험적 사태는 아니지만 이론적 의식으로 전부 환원될 수 없는 객관적인 그 무엇이다. 바로 이것이 '이성의 사실'로 명명된 것이다. 선의 요구(도덕 법칙)는 주체에 의해서 비로소 선의 요구가 되는 것은 아니다. 도덕 법칙이 먼저 주어지기 때문에 그것이 주체에 의해 동의되는 것이다. 앞서 살펴본 대로 이 동의는 선의 可知的 특성에 대한 이성의 통찰을 한 계기로 갖는다. 그러나 선의 요구는 우리의 수동적 파악에 의해서만 성립될 수는 없다. 물론 선의 요구는 의식이 구성한 것은 아니지만 다른 한편으로 요구에 대한 적극적 일치 활동이 없으면 요구로 의식되지 못한다. 이론적 이성의 능력으로 환원될 수 없는 이러한 주체의 적극적 일치 활동이 바로 선험적 자유의 능력이다.

칸트의 '법칙에 대한 존경'은 주어진 도덕 법칙(이성의 사실)에 대한 순수 실천 이성의 관계를 표현한다. 따라서 유일한 주관적 동기력은 존경이다.[155] 칸트의 선험적 자유는 일차적으로 선의 요구에 대한 순수 실천 이성의 동의 능력을 가리키는 것이다. 물론 이렇게 동의된 요구와 이성의 동의는 행위 능력으로서의 의지를 움직이기

---

154) 따라서 이상의 세 가지 이론적 연역의 실패는 윤리학을 존재론으로 환원하려는 세 가지 시도의 실패를 의미한다. 즉 윤리학은 가치중립적 과학으로 환원되지 않으며, 다음으로 사변 신학의 전제라는 것을 의미한다. 마지막으로 존재론적 비결정론은 도덕적 자유와 동일하지 않다는 것을 의미한다.

155) 요나스에 있어서는 세계 내 사태로 주어진 선에 대한 주체의 관계는 책임의 관계이며, 칸트에 있어 주관적 동기력이 존경이라면 요나스에 있어서 그것은 책임감이다. 존경의 주체가 전자에서는 순수 실천 이성이라면 후자에 있어서는 감정(도덕 감정)이다. 책임감과 존경 양자는 선의 요구와 주체의 응답 간의 '비동일적 동일성'을 표현하고 있다.

위한 감성적 확신을 낳을 수 있다. 그러나 이러한 감성적 확신은
이미 행해진 '선에 대한 동의'의 부수적 결과일 뿐이다.156)

이상의 예비적 고찰을 일단 마무리하고 이제 존경의 현상에 대한
칸트의 서술을 따라가 보자.

> 일단 표상되자마자 우리 의지의 규정 근거로서 우리의 자기의식
> 안에서 우리를 굴복게 하는 그러한 것은 그것이 적극적으로 존재
> 하고 의지의 규정 근거인 한에서 그 자체로 존경을 불러일으킨다.
> 따라서 도덕 법칙은 주관적으로도 존경의 근거이다.157)

이 도덕 법칙의 요구에 우리의 의식이 동의하는 것이다. 따라서
존경은 "유일하고도 의심할 수 없는 도덕적 동기"158)이다. 그런데
칸트에 의하면 존경의 현상은 서로 구별되는 두 계기에 의해 구성
되어 있는데 이는 각각 감성적 계기와 지성적 계기이다.

> 먼저 도덕 법칙은 객관적이고도 직접적으로 이성의 판단 내에
> 있는 의지를 규정한다. 그러나 자유는―그런데 그것의 인과성은
> 오직 법칙을 통해서만 규정되는데―모든 경향성들을, 따라서 인격
> 의 자기 평가 자체를 자유의 순수 법칙의 준수라는 조건하에 제약
> 한다. 이 제약함은 감정에 하나의 영향을 미쳐서 도덕법으로부터
> 아프리오리하게 인식될 수 있는 불쾌감을 산출한다.159)

---

156) "문제는 이미 완전히 규정된 선의 개념이 어떻게 사후적으로 영향력을
    획득하느냐가 아니라 정의상 이러한 영향력을 갖는 선의 개념이 어떻게
    생각될 수 있느냐 하는 것이다." D. Henrich, *Selbstverhältnisse,* Stuttgart,
    1983, 31. 칸트의 '법칙에 대한 존경'의 학설이 과연 칸트의 이론 전체
    에서 정합적인 위상을 갖는가 하는 문제도 이와 관련되어 있다.

157) *Kritik der praktischen Vernunft,* A 132(『실천 이성 비판』, 83).

158) *Kritik der praktischen Vernunft,* A 139(『실천 이성 비판』, 87).

159) *Kritik der praktischen Vernunft,* A 139(『실천 이성 비판』, 87).

도덕 법칙과 자유는 인간의 감성을 제약하며, 이는 일단 감성의
측면에서 수동적으로 경험된다. 그러나 감정은 수동적으로 屈從, 不
快를 경험하지만 지성은 적극적으로 高揚(Erhebung)을 경험한다.

> 그러나 법칙은 객관적으로, 즉 순수 이성의 표상 내에서 의지의
> 직접적인 규정 근거이기 때문에……감성적 측면에서의 굴복은 지
> 성적 측면에서는 법칙 자체의 도덕적·실천적 자기 평가의 고양이
> 고 한마디로 법칙에 대한 존경이며 또한 자신의 지성적 원인에 따
> 르자면 아프리오리하게 인식되는 적극적 감정이다.[160]

감성에서의 굴복은 지성에서의 고양이다. 굴복을 경험하는 것은
감성이며, 고양의 주체는 지성이다. 문제는 칸트가 이 지성적 측면
에서의 고양을 적극적 감정으로 표현하고 있다는 것이다. 우리가
이에 주목해야 하는 이유는 이와 같은 표현이 지성적 요구에 적극
적인 감정의 동의가 직접 대응하는 듯한 인상을 주기 때문이다. 이
와 관련된 그의 서술을 살펴보자.

> 이러한 감정은…… 굴복이긴 하지만……동시에 법칙에 대한 존경
> 이다. 이러한 법칙에 대해서는 결코 아무런 감정도 생기지 않는다.
> 오히려 그 법칙이 반항을 제거함으로써 이성의 판단 내에서는 장애
> 의 소멸이 하나의 인과성의 적극적인 촉진과 동일하게 평가된다.[161]

분명한 것은 법칙 자체는 감정의 대상이 아니라는 것, 그리고 인
과성의 촉진(법칙의 위력 강화)은 감성의 굴복에 대한 이성의 판단
에서 확인된다는 것이다. 판단 능력으로서의 이성은 장애의 소멸을

---

160) *Kritik der praktischen Vernunft*, A 140(『실천 이성 비판』, 88).
161) *Kritik der praktischen Vernunft*, A 133(『실천 이성 비판』, 83).

법칙의 힘의 촉진으로 판단한다. 이로써 우리는 최소한 감성은 굴복을 경험할 뿐 법칙과 직접 관계하지 않는다는 것을 확인한다. 그러므로 칸트가 존경을 적극적 감정으로 표현하여 마치 감정이 법칙 자체와 직접적으로 관계하는 것 같은 인상을 주는 것은 칸트 이론의 비정합성을 드러내는 것이라 볼 수 있다.162)

우리의 의문은 여기에 그치지 않는다. '적극적 감정'이라는 용어의 문제는 덮어두더라도 위의 인용문에서 언급되고 있는 이성은 과연 어떠한 이성인가? 인용문에 따르자면 이 이성은 결국 판단 능력으로서의 이성일 수밖에 없을 것 같다. 즉 이때의 이성은 감성적 장애의 소멸에서 그러한 소멸을 가능케 했던 힘을 평가하는 능력이다. 판단 능력으로서의 이 이성은 감성적 소여를 매개로 하여 도덕 법칙의 구속력을 평가하는 능력인 것이다. 따라서 힘을 평가하는 이성은 감성에 힘을 가하는 저 인과율 자체와 직접적으로 관계하는 것이 아니라 오직 간접적으로만, 즉 굴복의 평가를 통해서만 관계한다. 우리는 이 이성이 법칙과 적극적으로 관계하는 능력, 즉 동의 능력으로서의 이성이 아니라고 결론지을 수 있다.163)

이상에서 살펴본 대로 칸트의 '법칙에 대한 존경'은 많은 논쟁점을 제공한다. 내가 관심을 갖는 것은 '법칙에 대한 존경'의 주체가 판단 능력으로서의 이성이 아님에도 불구하고 칸트의 논의 자체에서는 '의식의 적극적 일치 활동의 주체인 순수 실천 이성이 제대로 다루어지지 않고 있다'는 칸트에 대한 평가이다. '법칙에 대한 존경'의 이론이 칸트 자신의 '이성의 사실'과 모순되지 않으려면 존경의

---

162) D. Henrich, *Selbstverhältnisse*, 37 참조. 그에 의하면 칸트 이론에서 굴복 당하면서 동시에 고양의 주체일 수 있는 여지가 감정에는 없다.

163) "제약된 감성에 대한 가치 평가로서의 이성은 법칙에 대한 의식의 적극적 관계를 설명하지 못한다." D. Henrich, *Selbstverhältnisse*, 38.

주체는 판단력일 수 없으며 감정일 수는 더더욱 없다. 만일 도덕 법칙에 대한 동의의 주체가 판단 능력으로서의 이성이라면, 도덕 법칙은 이론 이성으로 완전히 환원될 것이며 따라서 도덕 법칙은 '이성의 사실'일 이유가 없다. 그리고 의식의 적극적 일치 활동의 주체가 감정이라면 이는 결국 구속성의 의식을 감정으로 환원하는 것이다.164) 물론 앞서 말한 대로 의지를 움직이는 추동력인 굴복, 겸허(Demut)의 감정은 이성과 의지를 매개할 수 있다. 다만 이 감정이 도덕 법칙에 대한 실천 이성의 적극적 일치 활동을 대신할 수 없고 그것의 결과로 나타난 확신에 불과하다는 것이다.

---

164) 감정이 가치의 현사실성을 성취해 낸다는 것은 쉘러의 생각이다. 칸트의 자율의 원칙을 계승한 쉘러에 대해서는 D. Henrich, *Selbstverhältnisse*, 42-47 참조.

Ⅰ. 선 자체로서의 책임 능력(요나스)과 자율 능력(칸트)

이 장에서는 먼저 칸트와 요나스의 철학적 윤리학을 가치 존재론의 맥락에서 비교해 보고 나름대로 생산적인 결론을 끌어내 보고자한다. 양자의 비교 순서는 앞에서와 마찬가지로 가치 존재의 원칙은 무엇인가, 이 원칙은 어떻게 가능한가, 이 원칙의 담지자는 누구인가의 순서로 진행된다.

1. 사실과 가치

요나스의 '가치 존재의 원칙'에서 시작해 보자. 우선 책임성이라는 목적성부터 고찰해 보자. 요나스가 말하는 책임 능력이란 '타자의 목적을 자신의 목적으로 정립하여 추구할 수 있는 능력'이다. 자신의 이기적 목적이 아니라 '대상적으로 경험되는 타자'의 목적을 추구하는 능력, 간단히 말해 객관적 목적을 추구하는 능력이 바로 책임 능력이다. 요나스에 의하면 이 책임 능력은 우선 인간의 존재론적 본질 규정이다. '인간은 책임 능력이 있다'는 본질 규정은 '인간이 모든 경우에 책임 능력을 행사한다'는 것을 의미하지 않고 '책임성은 인간의 존재에 속한다'는 것을 의미한다. "인간은 아직 도덕적이지는 않지만(noch nicht moralisch) 도덕적일 수도 있고 비도덕적일 수도 있는 그러한 존재, 즉 도덕적 존재(moralisches Wesen)이다."[165] 그러나 이러한 존재론적 명제는 책임 능력이 왜 존재해야만 하는가를 근거짓지는 못한다. 만일 특정인이 책임의 가능성을 갖는지의 여부가 문제된다면 '책임성은 인간의 존재에 속한다'는 명제가 문제에 대한 답일 수 있을 것이다. 그러나 왜 책임성이 존재해야만 하는가를 근거짓는 것이 문제인 경우에는, '책임성은 인간의 존재에 속한다'는 명제를 제시해 봐야 소용이 없다. 오직 '책임성의 존재가 책임성의 부재보다 무한히 우위에 있다'는 형이상학적 명제에 의해서만 '왜 책임성은 그 자체로 존재할 권리를 갖는 것, 즉 선 자체인가' 하는 문제가 해명될 수 있는 것이다. '무목적성보다 우월한 목적성'은 직관적으로 자명한 형이상학적 사태이다. 그러므로 우리는 요나스에 있어서도 존재론적 사태인 '목적성'과 형이상학적 사태인 '무목적성보다 우위에 있는 목적성'은 다르다고 결론지을 수 있다. 물론 동일한 인간이 양자를 모두 담지할 수 있다. 그렇다고 양자가 동일한 것은 아니다. 결국 나의 판단으로는 '책임성이 선 자체이다'라는 요나스의 주장이 자연주의적 오류 추리에 가담하고 있다는 주장은 피상적인 것으로 보인다.[166] 가치로서의 목적성, 무목적성보다

---

165) *Das Prinzip Verantwortung,* 185(『책임의 원칙』, 180).

166) 요나스가 자연주의적 오류 추리에 가담하고 있다고 보고 있는 글로 L. Schäfer, Selbstbestimmung und Naturverhältnis des Menschen, in : O.

우월한 목적성은 오직 직관에 대응하는 형이상학적 사태이기 때문이다. 무어(G. E. Moore)의 기준에 따르자면 요나스의 선 존재론은 (선 자체로서의 책임성의 경우) 차라리 직각주의에 가깝다. 요나스가 '존재로부터 당위가 도출될 수 없다'는 테제를 반박한 것은 존재가 가치 자체의 담지자일 수 있다는 점을 옹호하기 위한 것이지 사실과 가치가 무차별이라고 말하기 위한 것은 아니다. '존재로부터 당위가 도출될 수 있다'는 요나스의 주장에서 존재는 '가치를 담지하는 존재'를, 인간이라는 존재자의 경우 '그 자체로 존재할 권리를 갖는 책임성'을 의미한다.

더 나아가 인간 외적 목적성에도 권리로서의 목적성이 내재한다면, 이 경우에도 존재는 단순한 사실적 존재가 아니라 가치를 담지하고 있는 존재이다. 따라서 '인간 외적 목적성들도 역시 가치 정립적 목적성이다'라는 주장이 그 어떤 형태로든 정당화된다면, '존재로부터 당위가 도출될 수 있다'는 주장은 '의무화하는 것(das Verpflichtende)으로서의 존재로부터 의무화되는 것(das Verpflichtete)의 당위가 나올 수 있다'는 주장과 같다. '사태에 도덕적 가치가 내재한다'는 주장과 '사태에 대한 사실적 記述은 가치적 記述과 다르다'는 주장은 전혀 모순되지 않는다. 이런 점에서 "요나스의 존재 개념은 자연의 가치중립적 사실성이라는 근대적 착상과 의식적으로 대립하기 때문에 이른바 '자연주의적 오류 추리'라는 반론은 여기서는 부적합하다"[167]라는 아펠의 지적은 적절한 것으로 보인다. 이제 요나스 자

<hr>

Schwemmer hg., *Über Natur*, Frankfurt, 1987, 15-35 참조. 그리고 급진적 생태론자들과 자연주의적 오류 추리에 대한 글로 D. Birnbacher, Natur als Maßstab menschlichen Handelns, in: *Zeitschrift für philosophische Forschung*, Bd. 45, 1991, 61-75 참조.

167) 물론 아펠은 "그렇지만 '독단적 형이상학'에 대한 칸트의 판정은 여전히 유효하다"라고 덧붙이고 있다. K. O. Apel, Die ökologische Krise als

신의 주장을 검토해 보자.

> 의무화가 의무화의 이념 없이는 존재할 수 없다는 말은 맞다. 그
> 리고 우리에게 알려진 세계 내에서 모든 이념에 대한 능력과 마찬
> 가지로 이러한 의무화의 이념에 대한 능력도 오직 인간에서만 현
> 상한다는 말도 맞다. 그러나 이로부터 이념은 하나의 발명
> (Erfindung)이어야만 하며 하나의 발견일 수는 없다는 것이 도출되
> 지는 않는다. 또한 존재의 나머지가 이러한 이념의 발견과 무관하
> 다는 것도 도출되지 않는다. 존재의 나머지는 이러한 이념의 발견
> 에서 한 몫을 차지할 수도 있으며 이로 인해 심지어는 인간이 자
> 기 자신에 대해서 승인하는 의무화의 근거일 수도 있다……168)

이제 칸트의 주장을 살펴보자. 칸트의 도덕성은 보편타당한 준칙
을 추구할 수 있는 능력이다. 물론 인간이 도덕성을 소유하고 있다
고 해서 인간이 모든 경우에 실제로 도덕적인 것은 아니다. 도덕성
이 선 자체인 이유는 이 도덕성에 도덕 법칙이 내재해 있기 때문이
다. 마치 요나스에 있어 책임성이 선 자체인 것은 책임성에 '책임성
의 존재가 책임성의 부재보다 우위에 있다'는 원칙이 내재하기 때
문인 것처럼. 그러나 요나스는 책임성이 대상적으로 인식되는 자유
이며 책임성 우위의 원칙도 역시 선 자체로서의 대상에서 직관된다
고 주장하는 반면 칸트는 '도덕성에서 확인되는 자유는 이론적으로

Herausforderung für die Diskursethik, in : *Ethik für die Zukunft*, München, 1994, 389.

168) *Organismus und Freiheit,* 340-341(『생명의 원리』, 518). 책임의 대상에 책임의 판정 기준(Instanz)이 내재하고, 이 의식 외적 기준으로부터 당위가 발생한다는 이러한 요나스의 입장을 회슬레는 非-인간 발생주의라 하여 의식 내의 도덕법으로부터 당위가 발생한다고 보는 칸트의 인간 발생주의(Anthropogenetismus)와 대비시킨다. 이에 대해서는 O. Hösle, Ethik und Ontologie bei Hans Jonas, in : *Ethik für die Zukunft,* 113 참조.

인식될 수 없으며 도덕 법칙은 의식 외적 대상에서 직관되지 않는다'고 보기 때문에 양자의 입장은 뚜렷하게 구별된다.[169] 도덕적 합리성은 전략적 합리성과 달리 이론적으로 그것의 실재를 증명하는 것이 불가능하다. 순수 실천 이성은 경험에 제약된 이성과 구별되는 절대적 가치이면서 대상적으로 인식될 수 없는 선험적 자유의 주체인 것이다. 우리는 앞에서 이러한 가치 자체로서의 인간, 목적 자체로서의 인간을 칸트가 이성 존재자, 예지적 인간으로 명명하여 현상적 인간과 구별했음을 확인했다. 여기서 이성 존재자와 관련한, 叡智界의 존재론적 지위에 대한 이론적 논의는 우리의 본래적 주제가 아니다. 다만 한 가지 지적되어야 할 것은 예지계는 오직 실천적 맥락에서만 실재성을 얻는다는 칸트의 주장이다. 이는 사변적 존재로서의 신, 실체로서의 자유로운 영혼은 각각 무조건적 명령, 도덕성으로 번역되는 한에서만 현실적 의미를 획득한다는 말과 동일하다. 우리가 의식 속에서 경험할 수 있는 유일한 무제약자가 도덕 법칙이라면, 무제약자로서의 도덕 법칙은 인격에 내재하는 도덕신에 다름 아니다.[170] 신은 이러한 실천적 맥락에서만 적극적 의미를 갖는다.

---

169) 요나스에 의하면 유기체의 최소 단위인 세포에서도 필연에 대한 통찰로서의 자유가 확인된다. 그러나 이러한 자유는 칸트가 말하는, 무제약자와 관계하는 능력으로서의 선험적 자유가 아니다. 칸트 식으로 말하자면 요나스의 필연에 대한 통찰로서의 자유는 비교적(komparativ) 자유에 지나지 않으며 이를 심리적 자동 기계의 작용 메커니즘이라고 이야기하든 아니면 목적성이라고 이야기하든, 최소한 윤리적 맥락에서는 중요치 않다. *Kritik der praktischen Vernunft*, A 173-174(『실천 이성 비판』107-108) 참조.

170) 칸트는 이와 관련하여 하나님 외에는 선한 이가 없다는 예수의 발언을 상기시킨다. 선의 원형(Urbild)으로서의 신은 볼 수 있는 방식으로 존재하지 않는다는 것이 이러한 예수의 발언에 반영되어 있다는 것이다. *Grundle-gung zur Metaphysik der Sitten*, BA 30(『도덕철학 서론』, 203) 참조.

도덕 법칙이 이성의 초험적(transzendent) 사용을 (이념 자체를 통
해 야기하는 원인에 의해 경험의 영역 내에 있는) 내재적 사용으로
바꾼다.171)

칸트는 그의 순수 이성 비판에서 자유가 존재하지 않는다고 말한
적이 없고 다만 인식 가능한 방식으로 존재하지 않는다고 말했을
뿐이다. 이제 실천 이성 비판은 자유, 이성 존재자, 신이 실재성을
얻는 유일한 경우를 명시한 셈이다.172)

지금까지 도덕성과 그것을 관철하는 원칙의 문제를 검토한 결과 우
리는 요나스와 칸트가 다음의 점들을 공유한다고 결론지을 수 있다.
① 도덕성이 선 자체이다.
② 선 자체로서의 도덕성은 사실로서의 인간학적 사태 이상의 것
   이다.
③ 따라서 도덕성을 관철하는 원칙도 존재론적 원칙 이상의 것,
   즉 형이상학적 원칙들이며 이 원칙들은 더 이상 배후를 캐물
   을 수 없는 원칙들이다.
그러나 우리는 다음과 같은 차이도 확인했다.
① 요나스의 책임성에서 확인되는 자유는 대상적으로 인식되는 반면
   칸트의 자율성에서 보이는 자유는 대상적으로 인식 불가능하다.
② 요나스에 있어서는 '책임성의 존재가 책임성의 부재보다 우위
   에 있다'는 원칙이 可視的 책임성에 내재하지만, 칸트에 있어
   서는 '준칙의 입법성의 원칙'이 비가시적 도덕성에 내재한다.
③ 결국 책임성과 자율성은 도덕성의 두 가지 차원들이며, 책임

---

171) *Kritik der praktischen Vernunft,* A 83(『실천 이성 비판』, 53).

172) '칸트 철학과 신'의 문제에 대해서는 H. Schöndorf, Setzt Kants Philosophie
    die Existenz Gottes voraus?, in: *Kant-Studien,* Heft 2, 1995, 175-195 참조.

성에 내재한 책임성 우위의 원칙과 자율성에 내재한 도덕 법칙은 도덕성의 서로 다른 두 가지 원칙들이다.

나의 판단으로는 요나스가 '세계 내에서 대상적으로 만나는 가치 원칙'에서 출발하는 데 반해 칸트는 '의식 내에서 이성의 사실로 주어져 만나는 도덕 법칙'에서 출발한다는 점이 이 두 기획의 차이를 초래한 원인인 것 같다. 요컨대 그 차이란 '도덕 법칙의 요구'와 '무목적성보다 우월한 목적성의 요구' 간의 차이이다. 이러한 요구들에 의해 우리가 의무를 부여받는다.

궁극적으로 자율성과 책임성의 구조는 도덕적 대상뿐만 아니라 구속성의 의식을 갖는 도덕적 주체도 해명되는 경우에만 완전히 드러날 것이다. 이제 남은 문제는 '도덕 법칙의 요구'와 '무목적성보다 우월한 목적성의 요구'가 구체적으로 어떻게 통찰되며 우리가 이 요구에 어떻게 우리 자신을 일치시킬 수 있는가 하는 문제이다. 의무를 부여받는 도덕적 주체의 자유와 관련된 이러한 문제를 우리는 뒤에서 다룰 것이다.

2. 우리는 왜 도덕적이어야 하는가

선 자체의 원칙이 요나스와 칸트에 있어 각각 목적성 우위의 원칙과 도덕 법칙이라면 문제는 이 원칙들이 어떻게 가능한가 하는 것이다. 이 문제와 관련하여 이미 살펴본 양자의 견해를 간단히 요약하고 비교·검토해 보자.

요나스에 의하면 목적성 우위의 원칙은 단순한 존재론적 명제가 아니라 형이상학적 명제이다. 그리고 이 형이상학적 명제의 배후를 우리는 캐물을 수 없다. 그러므로 이 원칙은 증명될 수 없으며 오직 직관에 의해서만 파악될 수 있다. 물론 요나스에 있어서 이 원칙은 경험계의 피안에 있는 원칙이 아니라 경험계에 내재하고 있는 원칙이다. '경험적 본질'로부터 '요구되는 실존'의 이러한 연역을 그는 형이상학적 연역(정당화)이라고 불렀던 것이다. 요나스에 의하면 목적성 우위의 원칙을 이론적으로는 증명할 수 없지만 이 원칙의 실재는 직관적으로 명확하다. 따라서 우리는 무목적성보다 우월한 목적성의 요구를 부정할 수 없다. 왜 목적성이 무목적성에 비해 무한히 우위에 있는가를 묻는다면, 따라서 '왜 우리는 무목적성보다 우월한 목적성의 요구를 부정해서는 안 되는가, 즉 왜 우리는 이에 대해 책임을 져야, 다시 말해 도덕적이어야 하는가'라고 묻는다면 '목적성의 우위는 증명될 수는 없지만 직관적으로 명확한 원칙과 요구이기 때문이다'라고 답할 수밖에 없는 것이다. 우리는 선 자체로서의 목적성이라는 세계 내의 요구를 안 듣기로 작정할 수는 있어도 이 요구가 없어서 듣지 못할 수는 없다는 것이다.

칸트에 있어서도 도덕 법칙의 요구는 결코 이론적으로 증명될 수 없다. 그럼에도 불구하고 도덕 법칙이 의식 내에 존재한다는 사실을 우리는 부인할 수 없다. 도덕 법칙은 이성의 사실로 주어져 있기 때문이다. 따라서 왜 우리는 도덕 법칙의 무조건적 요구에 따라야만 하며 따라서 왜 도덕적이어야만 하는가 하는 물음에 대해서는 요나스의 경우와 동일하게 대답할 수 있다.

전통적으로 다른 명제들을 증명하는 근거인 제일원리 그 자체는 증명될 수 없으며 이 원리는 오직 직관에 의해서만 인식된다고 주장되어 왔다. 공리에 대한 인식, 學적 인식의 근본 전제에 대한 이러한 인식을 아리스토텔레스는 누우스라 하여 근본 전제에 입각한 學적 인식인 에피스테메와 구별한다.173) 어쨌든 증명할 수는 없지만

---

173) Aristoteles, *Nicomachische Ethik,* übers. E. Rolfes, Hamburg, 1995, 145-
    (1143a-1143b) 참조.

자명한 명제가 있다는 것이 부정되는 한 학문의 토대는 마련될 수
없을 것 같다. 따라서 우리는 직접적 증명을 대신할 다른 대안들을
모색해 볼 수 있다. 간접적 논증은 이런 점에서 자명한 진리를 부
인하는 회의주의자에 대한 유력한 대응 방식일 수 있다. 예를 들어
'A는 A이다'라는 동일률 자체가 근거지어질 수 있는가 하는 물음이
제기될 수 있는데 아리스토텔레스에 의하면 이 원리는 그 자체로는
증명될 수 없고 단지 간접적으로만 증명될 수 있다. 이러한 증명에
따르면 회의주의자가 '왜 A는 A인가'라고 묻는 경우에도 그는 어떤
것(동일률)이 어떤 것(동일률은 증명의 대상이지 증명된 것이 아니
다)이라고 말함으로써 이미 동일률을 승인하고 있다.174)

이런 맥락에서 선험 철학을 화용론적으로 변형하여 도덕성에 대
한 근거지음을 시도하고 있는 아펠의 기획은 시사적이다. 왜냐하면
그의 先驗 話用論(transzenentale Pragmatik)의 기획은 우리가 도덕적
이어야만 하는 근거에 대한 가장 세련된 반성적 논증을 제시하는
것처럼 보이기 때문이다. 아펠에 의하면 '우리는 왜 도덕적이어야만
하는가?'라는 회의주의자의 물음은 '왜 A는 A인가?'라는 물음과 마
찬가지로 직접적으로 반박할 수 없다. 그러나 우리는 도덕적 회의
주의자의 물음 행위 자체가 자기 모순, 즉 수행적 모순을 함축하고
있음을 지적함으로써 그의 주장을 無力하게 만들 수 있다. 아펠에
의하면 '우리는 왜 도덕적이어야만 하는가?'라고 묻는 행위 자체가
이미 도덕성을 전제하지 않으면 안 된다. 왜냐하면 그가 장난 삼아
이 물음을 제기한 것이 아니라면 우선은 자신이 거짓말하고 있지
않음을 전제해야 하고 동시에 이성적 대화 상대자, 즉 자신의 물음

---

174) 플라톤 이래의 반성적 논증의 전형들에 대한 연구로는 W. Kuhlmann,
Reflexive Letztbegründung. Untersuchungen zur Transzendentalpragmatik, Frei-
burg, 1985 참조.

에 대해 진지하게 대답해 줄 대화 상대자를 전제해야만 하기 때문
이다. 그렇지 않다면 그는 이 물음을 제기할 수도 없다. 따라서 이
물음은 오직 도덕적 先조건, 즉 현실적 의사소통 공동체를 전제하
지 않고서는 제기될 수 없다. 우리는 이러한 논증적 담론 상황의
배후를 캐물을 수 없다. 이러한 선험 화용론적 입장에 서면 우리가
언어를 사용한다는 것 자체가 이미 도덕적 행위이다.[175]

물론 위와 같은 반성적 논증이 도덕성의 필요 충분 조건을 제공
하는 것은 아니다. 반성적 논증은 도덕성을 입증한다기보다는 도덕
성의 실재에 대한 회의를 물리칠 수 있을 뿐이다. 요나스도 일종의
간접적 논증을 제시하고 있지만 목적성 우위의 원칙의 실재성이 이
와 같은 반성적 논증에 의존하는 것은 아니라고 밝히고 있다. 그리
고 칸트의 경우 이러한 반성적 논증에 비교적 무관심하다.[176]

---

175) 이상 K. O. Apel, Kant, Hegel und das aktuelle Problem der normativen
Grundlagen von Moral und Recht, in: D. Henrich hg., *Kant oder Hegel*,
1983, Stuttgart, 619 참조. 아펠에 의하면 이러한 현실적인 논증적 담론
상황과 가능한 논증적 담론 상황(논증으로서의 사유)의 또 하나의 선험
적 전제는 이상적이고도 무제한적인 의사소통 공동체에 대한 반사실적
기대이다. 어떠한 형식으로든 합의 가능성을 염두에 두지 않고 담론에
참여할 수 없다. 요컨대 상호 주관적인 진정성, 동등한 권리, 공동 책
임에 대한 동등한 의무화와 같은 타당성 조건들이 모든 진지한 논증적
담론 상황에 필연적으로 전제된다. 사실 이러한 의사소통 공동체는 칸
트의 정언명법의 하위 정식인 '목적의 왕국'에서 이미 선취되었다. 그
러나 아펠에 의하면 칸트는 이성의 구체적이고도 역사적인 사용을 도
외시한 채 도덕의 무조건성을 강조한 결과 '이상적 의사소통 공동체에
대한 반사실적 기대하에서 이루어지는 현실적 의사소통 공동체 내에서
의 비판적 합의 형성'이라는 변증법적·역사적 차원을 간과했다는 것
이다. 이상 같은 책 참조. 선험 화용론적 '이성의 사실'이 칸트의 형이
상학적 '이성의 사실'에 대한 정당한 또는 생산적인 독해인지의 여부는
흥미로운 관심사이긴 하지만 이글의 주제는 아니다.

176) 칸트 철학의 선험 화용론적 변형에 대한 의구심을 표명하고 있는 회페
의 글 O. Höffe, *Kategorische Rechtsprinzipien*, Frankfurt am Main, 1990,

　지금까지 살펴본 바에 따르면 칸트와 요나스는 공히 ① 선 자체는 이론적으로 근거지을 수 없지만 ② 우리는 그것의 실재성을 결코 의심할 수 없다고 보고 있다.

　그러나 ‘의식 내 도덕 법칙’과 ‘세계 내 목적성 우위의 원칙’ 간의 차이는 결코 간과될 수 없다. 왜냐하면 선의 원칙이 대상적으로 인식되느냐의 여부에 대한 입장 차는 이론 철학에 있어서 경험론과 합리론의 입장 차와 유사한 것처럼 보이기 때문이다. 만일 선의 원칙이 대상에 내재한다면 대상은 우리가 그 원칙을 인식할 기원(Ursprung)이다. 이와 달리 만일 선의 원칙이 대상적으로는 경험될 수 없으며 도덕적 대상이 오직 의식 내적 원칙의 매개에 의해서만 정당화된다면 선의 원칙은 대상(혹은 도덕적 준칙)의 근거(Grund)이다.

　이제 도덕성의 원칙과 관련한 요나스의 칸트 비판을 살펴보자. 그는 칸트의 목적 자체의 정식을 거론하면서 이를 높이 평가하고 있지만 이 정식은 ‘이성의 사실로서의 도덕 법칙’으로부터 도출된 것이 아니라 실은 대상적 직관에서 비롯된 것이라 말한다.

> ……이성적 주체들의 무조건적 자기 가치는 어떤 형식적 원칙으로부터 나오는 것이 아니라 필연성의 세계 내에서 자유롭게 행위 하는 자아에 대한 *직관*에 의거하여 판단하는 관찰자의 가치 의미를 확증해 주는 것임에 틀림없다.[177]

12장, 특히 336-337 참조. 회폐에 의하면 칸트 자신은 이성의 사실이 아프리오리하긴 하지만 선험적이지는 않다고 하여 선험적 프로그램을 실천 영역에 확장하는 것을 배제하였다. 따라서 최후 정초와 같은 근거지음은 애초부터 배제된다. 어쨌든 담론 상황도 하나의 ‘사실’이다. 그리고 칸트적 선험 철학이 언어 철학에 의해 지양될 수 있는가에 대한 고찰로는 같은 책 14장 참조.

177) *Das Prinzip Verantwortung*, 169-170(『책임의 원칙』, 166).

그러나 앞서 살펴보았듯이 칸트는 목적 자체의 정식을 '유일한 정언명법'의 정식과 동일시한다.[178] 그 이유는, 앞서 살펴보았듯이, '목적 자체로서의 이성적 존재자 자신은 수단이 아니라 수단 사용을 제한하는 최상 조건으로서 준칙의 근저에 두어져야만 한다'는 목적 자체의 법식이 '나의 준칙을 모든 주관에 대한 보편타당한 조건으로서의 법칙하에 두어야 한다'는 법식과 동일한 것을 말하고 있기 때문이라는 것이다. 나의 판단으로는 절대적 가치인 칸트의 목적 자체와 요나스의 '이념으로서의 목적 자체' 간의 차이는 도덕 법칙과 '목적성 우위의 원칙' 간의 차이와 동일하다. 그러므로 만일 요나스가 칸트의 '목적 자체로서의 자율성'을 자신의 '목적 자체로서의 책임성'으로 환원하려는 것이 아니라면 위의 반론은 부적절하다고 볼 수 있다.[179]

여기서 우리는 또다시 책임성과 자율성의 차이가 도덕적 요구 주체의 차이에 기인한다는 것을 확인할 수 있다. 나는 직관의 사태인 목적성의 이념과 이성의 사실인 도덕 법칙을 각각 '의식 외적 기원인 선 자체'와 '의식 내적 근거인 선 자체'로 규정하는 것이 책임성과 자율성 각각에 나름의 위상을 부여하고 더 나아가 양자를 질서 짓는 데 기여할 수 있다고 생각한다. 우리는 의무화되는 도덕적 주체에 대한 분석을 통해 이러한 생각을 확인하게 될 것이다.

---

178) *Grundlegung zur Metaphysik der Sitten*, BA 83(『도덕철학 서론』, 231) 참조.
179) 아펠은 칸트에 대한 요나스의 비판, 즉 칸트의 목적 자체의 정식은 보편적 타당성의 법식과 동일하게 형식적인 것이 아니라 실은 필연의 세계 내에서 자유롭게 행위 하는 자아의 자유를 직관함으로써 성립한 것이라는 비판을 다시 문제삼고 있다. 아펠에 의하면 만일 목적 자체의 정식이 대상적, 내용적 원칙에 불과하다면 궁극적으로 윤리학의 선험 철학적 정초는 불가능하며 따라서 자신의 선험 화용론적 변형도 불가능하다. K. O. Apel, Die ökologische Krise als Herausforderung für die Diskursethik, in: *Ethik für die Zukunft*, München, 1994, 389 참조.

3. 脫인간 중심주의와 인간 중심주의

요나스에 있어서 도덕적 요구의 주체가 목적성의 이념인 한 인간 이외의 생명들도 그 자체로 존재할 권리를 갖는다는 것을 우리는 앞서 살펴보았다. '무목적성보다 우월한 목적성'의 원칙을 담지하는 한 생물은 의무화되는 것(das Verpflichtete)은 아니지만 의무화하는 것(das Verpflichtende)일 수는 있다. 이에 비해 칸트에 있어서는 도덕적 요구는 이성의 사실로서 인간으로부터 독립하여 존재하지 않기 때문에 도덕적 권리의 소유자는 인간의 범위를 벗어나지 않는다. 아래에서는 요나스의 탈인간 중심주의가 칸트적 인간 중심주의와 과연 얼마나 다른지를 비교·검토해 보겠다.

먼저 인간 外的 가치들에 대한 요나스의 주장들을 요약해 보자. ① 요나스의 인간 외적 선 자체가 가능하기 위해서는 우선 이론 철학에 있어 목적론적 자연관이 전제되어야 한다. 그리고 요나스는 자신의 목적론적 자연관이 자연 과학의 존재론과 양립할 수 있다고 보고 있으며, 궁극적으로 그의 자연관은 윤리적 관심에 기초하고 있다. 다음으로 ② 설령 목적론적 자연관이 이론적으로 가능하다 하더라도 생명이 도덕적 권리를 가지려면 가치론적 정당화가 요구된다. 다시 말해서 사실로서의 목적성에 이념으로서의 목적성이 내재해 있어야 한다. ③ 무생명적 자연은 아무리 그것이 목적과 무관하지 않다고 하더라도 '주체 없는 목적'인 한 '의무화하는 것'으로 등장하지 않는다.[180] ④ 인간 외적 생명의 목적성은 권리상 인간의 목적성보다 열등하지는 않다. 그러나 인간의 목적성 중에 책임성이

---

[180] 살아 있는 것에 대해서만 우리의 책임이 있다는 이러한 입장에 대해 렝크는 의문을 제기한다. H. Lenk, *Zur Sozialphilosophie der Technik*, Frankfurt am Main, 1982, 218 참조.

바로 인간 외적 목적성에 대한 책임 능력이란 점에서 인간에 대한 책임, 책임 능력에 대한 책임이 일차적이다.

　이제 위와 같은 결론을 바탕으로 칸트에 있어서는 과연 인간 외적 존재(여기에는 동물, 무기물은 물론이요 神도 포함된다)가 도덕적 권리와 관련하여 어떻게 다루어지고 있는가 하는 문제를 다루어 보자. 칸트가 기술적 목적 추구성이든 도덕적 목적 추구성이든 간에 목적 추구성을 오직 인간의 행위와 의지에 국한했다는 것은 주지의 사실이다. 칸트에 있어 '합목적성의 원칙'은 사실에 내재한 원칙이 아니라 반성적 판단력의 원칙에 불과하다. 종과 개체 및 기관의 차원에서 자기 자신을 재생산하는 유기체를 설명하기 위해 동원되는 목적성은 인간의 목적성을 유비적으로 확장한 것에 불과하다. 그 이유는 우선 인간 행위에 있어서는 다른 유기체의 경우와 달리 표상된 목적과 실현된 목적의 장소가 일치하지 않기 때문이다. 다음으로 유기체는 의식적으로 목표를 정립할 수 없기 때문이다.181) 더 나아가 칸트는 동물적인 동시에 이성적인 존재자로서의 인간이라 하더라도 그 인간의 목적성이 물질의 속성인지 아닌지에 대해서는 알 수 없다고 본다는 것을 우리는 앞서 살펴보았다.182)『도덕 형이상학의 정초』에서 칸트는 자연의 왕국을 목적의 왕국의 유비로 볼 수 있는 한에서만, 자연 법칙의 정식을 정언명법의 下位 정식으로 볼

---

181) 이에 대해서는 K. Düsing, Naturteleologie und Metaphysik bei Kant und Hegel, in: Fulda hg., *Hegel und die „Kritik der Urteilskraft"*, Stuttgart, 1990, 139-157 (특히 142) 참조. 이에 반해 요나스는 '목적의 소유와 실행의 분리' 및 '의식적 중앙 통제의 유·무'가 목적성의 유·무를 판정하는 절대적 조건일 필요가 없으며 동물의 경우 목표 정립적 의지가 없는 경우에도 자의적 행위가 가능하다고 본다는 것을 우리는 앞에서 살펴보았다. 요컨대 요나스는 존재론적 신인 동형론의 입장에 서는 데 비해 칸트는 신인 동형론이 단순한 인식적 유비에 지나지 않는다고 본다.

182) 이글의 2부 II. 3. 참조.

114

수 있다고 말한다. 이는 『실천 이성 비판』에서도 그대로 유지되어 칸트는 이러한 자연 법칙의 정식은 상식적 판단으로는 있어서의 자유의 법칙의 전형(Typik)에 지나지 않는다고 말한다.[183] 자유의 문제에 관해서도 요나스는 '필연에 대한 통찰로서의 자유'가 모든 유기체에 내재한다고 본 반면 칸트에 있어서는 오직 자기 원인으로서의 선험적 자유와 그것의 세계 내의 담지자인 인간만이 인정될 뿐이다. 이렇게 칸트의 입장에 서면 무기적 자연은 물론이요 인간 이외의 유기체도 목적성의 소유자가 아니므로 가치 정립의 주체가 될 수 없다. 가치 정립의 주체가 될 수 없다는 것은 물론 의무화하는 것이 될 수 없다는 것이다. 오직 도덕적 가치를 추구할 수 있는 능력의 소유자, 도덕 법칙을 담지하고 있는 유일한 존재, 즉 인격(타자의 인격이든 자신의 인격이든)만이 의무화하는 주체일 수 있다.

> 단순한 이성에 따라 판단하자면 인간은 오직 인간에 대해서(자기 자신 혹은 다른 인간에 대해서)만 의무를 갖는다. 왜냐하면 어떤 주체에 대한 인간의 의무는 이러한 주체의 의지에 의한 도덕적 강제이기 때문이다. 따라서 강제하는(의무화하는) 주체는 먼저 인격이어야 하며 다음으로 이 인격은 경험의 대상으로 주어져야만 한다. 왜냐하면 인간은 인격의 의지에 영향을 미쳐야만 하고 이는 오직 두 명의 실존하는 존재자 간의 상호 관계 내에서만 일어나기 때문이다.[184]

우리가 주목해야 할 점은 의무화하는 것의 이러한 자격 요건에 입각하면 경험될 수 없는 神은 그 후보에서 탈락한다는 것이다. 신

---

183) *Kritik der praktischen Vernunft*, A 123(『실천 이성 비판』, 77) 참조. 중요한 것은 법칙적 자연이 아니라 자연에서 드러나는 것과 같은 합법칙성, 도덕 법칙의 무조건성의 전형이 될 수 있는 합법칙성이다.

184) *Metaphysik der Sitten Tugendlehre*, A 106.

에 대한 의무나 전통적인 종교적 의무는 실은 인간 자신에 대한 의
무이다.

전적으로 우리의 경험의 경계를 넘어서 있지만 가능성의 측면에
서 보자면 우리의 이념 안에서 발견되는 것, 예를 들면 신의 이념
안에서 발견되는 것과 관련해서 우리는 종교적 의무라고 불리는
의무를 갖는데 이 종교적 의무는 소위 "우리의 모든 의무들을 신적
명령으로 인식하는" 그러한 의무이다. 그러나 이는 신에 대한 의무
의 의식이 아니다. 왜냐하면 이 이념은……그것에 대해 우리가 책
임이 있는 그러한 주어진 존재자를 갖지 않기 때문이다. 만일 이
이념이 주어진 존재자를 갖는다면 주어진 존재의 현실성은 경험에
의하여 입증되어야(밝혀져야) 할 것이다. 오히려 불가피하게 이성에
스스로를 드러내는 이러한 이념을 우리 안에 있는 도덕 법칙, 위대
한 도덕적 경외의 대상인 도덕 법칙에 적용하는 것은 인간의 자신
에 대한 의무이다. 이와 같은 실천적 의미에서 보자면 종교를 갖는
다는 것은 자기 자신에 대한 의무이다.[185]

다음으로 경험할 수는 있되 인격을 갖지 않는 것들도 의무화하는
것이 아니다. 그렇다면 칸트는 자연 소재, 식물 및 동물과 관련한
의무를 전적으로 배제하는가? 칸트에 의하면 이러한 존재들에 '대
한(gegen)' 의무는 없지만 이 존재들과 '관련한(in Ansehung)' 의무는
있다. 먼저 무생명적 자연의 경우를 살펴보면,

비록 생명은 없지만 아름다운 자연물과 관련하여 단순한 파괴의
성벽은 인간의 자기 자신에 대한 의무에 위배된다. 왜냐하면 그 자
체만으로 도덕적이지는 않지만 도덕성을 매우 촉진시키거나 최소
한 어떤 것을 이익의 의도 없이 사랑하도록 준비시키는 그러한 감
성의 상태인 인간 내적 감정을 이러한 破壞癖이 약화시키거나 없

---

185) *Metaphysik der Sitten Tugendlehre*, A 108-109.

애기 때문이다.[186]

無機的 자연의 아름다움에 직면했을 때의 감정은 그 자체로 도덕적인 감정은 아니지만 도덕적 감정을 촉진시킬 수는 있다는 것이다. 칸트는 다른 곳에서 다음과 같이 말한다.

> *그러나* 이에 반해 나는 다음과 같이 주장한다. (단순히 자연의 아름다움을 판정하기 위해 취미를 갖는 것이 아니라) 자연의 아름다움에 대해 직접적 관심을 갖는 것은 언제나 선한 영혼의 징표(Kennzeichen)라고.[187]

결국 무기적 자연 중에서도 아름다운 것은 인간의 도덕 감정을 도야하는 데 공헌한다는 점에서 '도덕적이어야 한다는 인간의 의무'에 간접적으로 기여하는 것이다. 따라서 파괴벽은 그 자체가 악한 것이기 때문이 아니라 도덕 감정을 해칠 수 있기 때문에 회피되어야만 한다.

다음으로 생명과 관련한 의무를 살펴보자.

> 비록 이성이 없긴 하지만 살아 있는 피조물과 관련하여 동물에 대한 폭력적이고도 가혹한 취급은 인간의 자기 자신에 대한 의무에 더더욱 내적으로 위배된다. 왜냐하면 인간 내부에 있는 동물의 고통에 대한 동정이 가혹한 취급을 통해서 둔화되고 그리하여 다른 인간과의 관계에 있어 도덕성에 매우 유용한 자연적 소질이 약화되거나 점차로 없어지기 때문이다.[188]

---

186) *Metaphysik der Sitten Tugendlehre*, A 107.

187) I. Kant, *Kritik der Urteilskraft*, in: Kant's Gesammelte Schriften, Bd. 5, B 166, A 164(§42). 이것의 한글 번역본, I. 칸트 지음, 이석윤 옮김, 『판단력 비판』, 서울, 1994, 175.

우리가 동물의 苦痛에 대한 동정심을 갖는 것은 의무를 부여받는 유일한 주체인 인격성의 함양에 도움을 준다. 그렇지만 칸트에게는 고통의 감수 능력을 포함한 '주어진 목적 추구성'은 도덕적 권리 주체의 자격 조건이 되지 못한다.[188] 그렇기 때문에 칸트는 '동물에 대한 의무'가 아니라 '동물과 관련한 자기 자신에 대한 의무'라고 말한 것이다.[190] 칸트는 동물과 관련한 의무를 비교적 상세하게 기술하고 있는데 이를 정리하면 ① 投機를 위해 동물을 죽여서는 안 된다는 것, ② 불가피하게 죽여야 할 경우 고통 없이 신속하게 죽여야 한다는 것, ③ 동물을 그 동물의 능력 이상으로 혹사해서는 안 된다는 것, ④ 늙은 말이나 개의 노고에 대한 감사도 간접적 의무에 속한다는 것이다.

우리는 이상의 비교를 통해 인간 외적 가치의 문제에 있어 요나스와 칸트의 견해차가 사실상 생물 부분에서 두드러진다는 것을 알 수 있다. 왜냐하면 요나스는 무기적 자연을 의무화의 주체로 보지 않기 때문이다. 요나스의 입장에 서면 직접 생명 일반의 권리를 인정하지 않고 단지 인간의 도덕성에 매개된 것으로만 간접적으로 인정하는 칸트적 입장으로는 불충분하다고 볼 수도 있다. 그럼에도 불구하고 요나스도 인간의 목적성과 동물의 목적성 간의 차이를 인

---

188) *Metaphysik der Sitten Tugendlehre,* A 108.

189) 고통의 감수 능력을 권리 주체의 기준으로 보는 입장이 바로 벤담의 주장에 기반을 둔 싱어의 입장이다. 이에 대해서는 P. Singer, Animal Liberation, in: K. S. Shrader-Frechtte ed., *Environmental Ethics,* 103-112(특히 104) 참조.

190) 자기 자신에 대한 의무를 다른 존재에 대한 의무로 간주하는 태도는 칸트에 의하면 "반성 개념의 애매성" 때문에 생긴 것이다. 단순하게 말해 목적성의 유일한 주체인 인간의 목적성을 자연이나 신에게까지 확대했기 때문이라는 것이다. 이에 대해서는 *Metaphysik der Sitten Tugendlehre,* A 106 참조.

118

정한다. 즉 요나스는 인간의 목적성과 동물의 목적성 간에 권리상의 차이는 없지만 '생물의 목적성을 자신의 목적으로 삼는 인간의 책임성'이 책임의 일차적 대상이라고 말함으로써 인간의 목적성에 일종의 우선성을 용인하고 있다.[191] 나의 판단으로는 아무리 탈인간 중심주의라 할지라도 이러한 구별은 불가피하다. 도덕적 대상과 주체의 극단적 무차별화는 윤리의 無用性을 함축하기 때문이다.[192]

결론적으로 나는 요나스의 선 자체로서의 목적성(목적성 우위의 원칙)과 칸트의 선 자체로서의 양심(도덕 법칙)을 두 가지의 세계 내적 神性으로 볼 수 있다고 생각한다. 칸트에 있어 신은 오직 이성의 사실로만 존재하는 반면 요나스에 있어 신은 직관의 사태로서 인간뿐만 아니라 인간 외적 대상에도 내재하는 것이다. 神性을 담지한 유일한 존재인 인간이라는 사상은 근대 이래의 휴머니즘에 기인하기도 하지만 보다 멀게는 창세기의 "하나님의 호흡"이 상징하는 기독교적 세계관을 반영하고 있다. 따라서 원시 종교적 애니미즘이 오늘날 생소하게 느껴지는 것처럼 요나스의 세계 내적 신성에 대한 주장은 오늘날의 상식과 배치될 수도 있다. 그러나 진화론이 처음부터 공인된 것은 아니었지만 오늘날 상식이 된 것처럼 목적성의 이념 또한 정당화될 가능성이 있다. 사실 요나스의 존재론은 자연 과학적 진화론이라는 이론적 배경이 없었다면 불가능했으리라는 것이 나의 생각이다. 그의 생명주의는 실은 유물론적 진화론을 재

---

191) 회슬레는 이러한 요나스의 입장을 '약한 인간중심주의'라 명명한다. V. Hösle, Ethik und Ontologie bei Hans Jonas, in: *Ethik für die Zukunft*, 113 참조.

192) 인간과 인간 외적 생명의 극단적 무차별성을 고수할 때 논리적으로 인간은 다른 생명을 죽일 수 없다. 죽여도 죽인 것이 아니다. 동일한 것은 동일한 것을 죽일 수 없다. K. O. Apel, Die ökologische Krise als Herausforderung für die Diskursethik, in: *Ethik für die Zukunft,* 387 참조.

구성한 것이다. 나의 판단으로는 자연 과학적 유물론의 생명주의적 재구성에는 궁극적으로 세계 내적 신성에 의해 표현되는 그의 형이상학이 주된 동기로 작용하고 있다. 다시 말해서 요나스에 있어서는 존재론적 생명주의와 생명주의적 윤리학을 위해 진화론이라는 자연 과학적 이론을 변형하여 수용할 수 있는 '강한 형이상학'이 전제되고 있는 것이다. 칸트의 도덕 형이상학은 선 자체의 담지자를 인간 이상의 존재자나 인간 이하의 존재자에게 확대할 필요가 없는 형이상학이었으며 이러한 도덕 형이상학은 결정론적 자연관에 대응한다. 결국 요나스에 있어서 칸트적 목적의 왕국이 자연의 왕국에서도 실현되기 위해서는 새로운 형이상학이 요구된다.[193]

Ⅱ. 도덕적 자유(요나스)와 반성적 자유(칸트)

요나스와 칸트에 있어 도덕적 주체의 능력을 자유라고 할 수 있다면 이 자유는 판단 능력과 同意(Zustimmung) 능력으로 구성됨을 우리는 앞에서 살펴보았다. 이제 마지막으로 양자의 자유는 어떻게 구별될 수 있는지, 양자의 자유는 어떠한 관계에 있는지 하는 문제를 다루어 보자. 먼저 1. 요나스의 가치 판단력과 칸트의 가치 판단력은 어떻게 다른가 하는 문제를 다루고 다음으로 2. 요나스의 책

---

193) 이글의 주제는 아니지만 그의 형이상학은 사변적 진화론의 헤겔적 창조론(절대 정신의 자기 소외)과의 결합을 배경으로 한다. 사변적 진화론에서 헤겔적 범신론은 요나스적 범심론으로 변형되어 나타난다. 이에 대해서는 그의 형이상학이 비교적 간명한 형태로 나타나 있는 *Materie, Geist und Schöpfung*(『물질·정신·창조』) 참조(특히 13장). 그리고 김종국, 「기술공학 시대는 새로운 형이상학을 요구하는가?」, 『철학』, 43집, 한국철학회, 1995, 332-352 참조.

임감과 칸트의 법칙에 대한 존경은 어떻게 다른가 하는 문제를 다룬다. 다음으로 3. 이러한 구별성에 기초하여 우리는 책임성과 자율성 간의 관계를 다룰 것이다.

1. 기원과 근거

선의 원칙이 일단 의심의 여지없이 확실한 것이라면 이 원칙에 대한 통찰은 이성에 의해서만 가능하다. 대상에 내재한 원칙이든 이성의 사실로 의식되는 원칙이든 원칙은 이성에 의해서만 통찰되기 때문이다. 요나스의 '감정에 의해 가르쳐진 가치 판단력', 칸트의 '준칙의 立法性 여부에 대한 판단력'은 모두 주어진 원칙에 대한 통찰 능력으로서의 이성 능력이다.

책임 능력의 판단력부터 간략히 살펴보자. '목적성의 무목적성에 대한 무한한 우위의 원칙'에 입각한 판단 능력은 그 자체로 선한 것과 나의 목적에 상관적으로 선한 것을 구별하는 능력이다. '내가 노고를 기울일 가치가 있는 것'(was meiner Mühe wert ist)과 '나에게 노고를 기울일 가치가 있는 것'(was mir gerade der Mühe wert ist)이 가치 판단력에 의하여 구별되는 것이다. 요나스에 의하면 이 판단력은 비록 합목적성의 원칙에 입각한 이론적 판단력을 전제하지만 이러한 판단력과 다르다. 자연의 목적성에서 발생한 인간의 목적성이 전체 자연을 부정하는 것은 일종의 '부분과 전체 간의 모순'이긴 하지만 이러한 모순은 아직 대상의 권리 원칙에 입각하여 판단한 결과가 아닌 것이다.[194] 선 자체로서의 대상에 내재한 목적성 우위의 원칙이 통찰의 대상이며 이 원칙에 입각하여 '오직 나의 수단으로서만 선한 것'과 '선 자체'를 구별하는 능력이 가치 판단력이다.

---

194) *Das Prinzip Verantwortung*, 149(『책임의 원칙』, 145) 참조.

간단히 말해 선의 이념에 입각한 판단이 가치 판단이다. 그런데 요나스에 있어서는 가치의 원칙이 도덕적 대상에 내재한다. 그러므로 可視的 대상에 내재한 可知的 원칙만이 통찰되며 가치 판단의 최소 단위는 대상(혹은 대상에 대한 행위)이다.

칸트에 있어서도 정언명법에 입각한 가치 판단은 선의 이념에 입각한 판단이다. 우리는 앞에서 정언명법적 반성의 최소 단위가 가치 행위의 주관적 원칙, 즉 준칙이라는 점에 주목한다면 칸트적 가치 판단을 사실에 대한 판단으로 보아서는 안 된다는 것을 확인한 바 있다. 칸트의 가치 판단력은 행위의 주관적 원칙, 즉 준칙의 입법성 여부를 판단하는 능력이지 사실의 차원에서 행위의 보편성 여부를 판단하는 능력이 아니다. 이와 같이 선의 이념과 준칙을 매개하는 척도로서의 보편성은 과학적 인식에 있어 대상 인식의 척도인 '자기의식의 범주의 보편성'과는 다르다. 다시 말해서 칸트에 있어 주어진 보편성의 이념을 척도로 하여 그 이념에 부합하는 나의 의지의 원칙을 판정하는 것은 자기의식의 규칙을 척도로 하여 그 규칙에 부합하는 대상을 판정하는 것과는 다르다. 도덕적 이념의 필연성과 자연 법칙의 필연성은 필연성이라는 점에서는 같지만 전자는 선의 요구, 즉 당위의 필연성이고 후자는 사실의 필연성이라는 점에서 엄연히 다른 것이다. 칸트에 의하면 준칙이란 주관적인 실천적 근본 명제이고, 근본 명제는 의지에 대한 보편적 규정이다. 아직 선의 이념과 비교되지 않은 준칙은 실제로 실행되고 있는 의지의 보편적 원칙이다. 따라서 가치 판단은 준칙의 '사실적 보편성'이 '선의 이념의 필연성'과 일치하는가의 여부에 대한 판단이다.

이제 정언명법에 대한 요나스의 반론을 검토해 보자. 칸트의 정언명법은 '인류가 미래에도 존재해야만 한다는 명령'을 근거지을 수 없으며 인류의 미래 존재를 도덕적 선으로 판정할 수 없다는 것이 요나스가 제기하는 반론의 핵심이다. 요나스는 칸트의 정언명법에 대해 다음과 같이 말한다.

> 우리는 여기서(칸트의 정언명법에서) 도덕의 근본적 熟考가 그 자체로 도덕적인 것이 아니라 논리적인 것이라는 점에 주목한다. "원할 수 있음" 혹은 "원할 수 없음"은 논리적 자기 일치 혹은 불일치를 표현하는 것이지 도덕적 승인(Approbation) 혹은 반감을 표현하는 것이 아니다. 그러나 인류가 당장 존재하기를 그쳐도 된다는 표상에는 자기모순이 없으며, 따라서 현세대와 바로 다음 세대의 행복이 그 이후 세대들의 불행을, 심지어 비존재를 대가로 해서 얻어진다는 표상에도 자기모순은 없다……현재를 위한 미래의 희생이 미래를 위한 현재의 희생보다 논리적으로 더 허점이 많은 것은 아니다. 차이가 있다면 그 차이란 다만 한 경우에는 계열이 계속되지만 다른 한 경우에는 그렇지 않다는 점뿐이다. 그러나 계열이 계속되어야 한다는 것, 즉 행복과 불행의 비율과 상관없이, 아니 불행이 행복을 압도한다 하더라도, 심지어는 부도덕이 도덕을 압도한다 하더라도 계열이 계속되어야 한다는 것은, 계열이 오랫동안 지속되든 아니면 단기간만 지속되든, 계열 내에서의 자기 일치의 규칙으로부터 도출될 수 없다.[195]

요나스의 말대로 칸트의 정언명법이 인류의 자살을 도덕적 악으로 판정할 수 없거나 오히려 '현재를 위한 미래의 희생'을 선택하기가 더 쉽다면 차라리 칸트의 기획은 불충분하다기보다는 잘못된 것이라고 해야 옳을 것이다. 그러나 이러한 요나스의 반론은 칸트의 '도덕적 이념의 보편성에 입각한 판단력'을, 인류의 생존과 인류의

---

195) *Das Prinzip Verantwortung,* 35(『책임의 원칙』, 40). 괄호 안은 나. 여기서 '계열'은 세대의 계열, 즉 세대의 이어짐을 의미한다. 논리적으로 볼 때 미래를 위한 현재의 희생과 현재를 위한 미래의 희생의 차이는 세대의 계열이 이어지느냐 아니면 중단되느냐의 차이뿐이라는 것이다.

자살 중 하나를 다수결에 의해 택일하는 장치로 축소·왜곡하는 것이다. 우리가 이미 살펴보았듯이 정언명법에 의한 판단은 '선의 이념의 보편성'에 입각하여 행위의 원칙인 준칙의 합보편성 여부를 판단하는 것이지 사실적 보편성의 척도에 입각하여 특정 '행위'의 합보편성 여부를 판단하는 것이 아니다. 인류의 미래 존재가 도덕적 판단의 대상인 경우 정언명법에 입각한 판단은 사실상 행해지고 있는 나(또는 현세대)의 행위 원칙을 인간의 이념의 보편성에 입각하여 평가하는 판단이지 사실상 미래 세대의 희생이 현세대에 의해 얼마나 찬성될 것인가를 구별하는 판단은 아니다. 오히려 요나스에 있어서도 만일 목적성 우위의 원칙이 우리가 그것에 찬성하든 반대하든 간에 절대적 필연성을 지닌 것이라면, 선 자체로서의 목적성의 요구는 필연적인 것이어야 하며 이때 선의 구속력이 갖는 필연성은 선을 판정하는 한 기준이 될 수 있는 것이다. 물론 '인류여, 존재하라'는 명령은 정언명법적 판정을 생략해도 좋을 만큼 자명하게 타당한 명령이라고 말할 수 있을 것이다. 그렇다고 정언명법에 의해 정당화될 수 없는 것은 아니다.

결국 요나스가 비판하고 있는 바와는 달리 칸트의 가치 판단력에 있어서 '자기 일치'란 이론적 인식에서와 같은 '자기의식에 의해 구성된 대상과 자기의식의 일치'가 아니라 서로 다른 '두 자아 간의 일치'이다.

나는 여기서 자살의 문제와 관련한 칸트의 입장이 비교적 정리된 형태로 나타난 『도덕 형이상학』의 논변을 살펴볼 필요가 있다고 생각한다. 왜냐하면 인간의 이념에 대한 인간 자신의 의무가 어떻게 가능한가 하는 문제가 거기에서 다루어지고 있기 때문이다. 우선 칸트는 자기 자신에 대한 의무가 모순이 아닌가 하는 문제를 다룬다. 만일 '의무화하는 것'과 '의무화되는 것'이 동일한 자기라면 모순은 피할 수 없다. 이 모순은 오직 의무화하는 것과 의무화되는 것이 각각 '이성 존재자로서의 인간'과 '동물 종에 속하는 감각 존재로서의 인간'(혹은 이성적 자연 존재)으로 규정될 경우에만 해소된다.[196] 칸트에 있어 의무화하는 것으로서의 자기는 동물적 존재로서의 인간일 수는 없다. 도덕적인 존재로서의 인간만이 '의무화하는 것'일 수 있는 것이다. '동물적인 동시에 도덕적인 존재로서의 인간'에 대한 자신의 의무에 있어 하지 말아야 할 것으로서의 완전한 의무가 자살 금지의 의무이다.[197]

의무가 문제인 한, 따라서 인간이 살아 있는 한 인간은 인격성을 포기할 수 없다. 그리고 그러한 행위를 함에 있어 마치 (어떤 권한을 지닌 주인으로부터) 허락을 구할 필요도 없는 듯이 모든 구속으로부터 벗어나 그렇게 자유롭게 행위할 수 있는 권한을 스스로 지닌다는 것은 모순이다. 고유한 인격을 가진 인륜성(Sittlichkeit)의 주체를 절멸시킨다는 것은 바로 그만큼의 실존하는 도덕성 자체를 세계로부터 절멸시키는 것이다. 그런데 인륜성은 목적 그 자체이다.[198]

요나스는 책임 능력에 대한 책임이 최우선적 의무이며 책임 능력

---

196) *Metaphysik der Sitten Tugendlehre*, A 65 참조.

197) 도덕적 존재로서의 인간에 대한 자신의 의무에 있어 완전한 의무는 거짓말 금지의 의무이다.

198) *Metaphysik der Sitten Tugendlehre*, A 73. 괄호 안은 나. 스스로 목숨을 끊을 권한이 인간에게 없다는 이러한 주장은 플라톤·소크라테스의 자살 반대 논증을 연상시킨다. 플라톤에 의해 묘사된 소크라테스의 자살 반대 논증에 대해서는 Platon, *Phaidon*, übers., F. Schleiermacher, Darmstadt, 1971, 17, 19(62b-62c) 참조. 특히 우리가 주목해야 할 것은 칸트가 자살을 모두 범죄로 보는 것은 아니라는 점이다. 범죄가 되는 자살은 자기 자신의 인격을 죽이는 경우이다. 칸트는 이로써 인격(도덕성)을 수호하기 위한 자살은 범죄가 아닐 수 있다고 생각하는 것 같다. 이에 대해서는 *Metaphysik der Sitten Tugendlehre*, A 71, 특히 A 74의 결의론 참조.

이 존재하기 위해서는 인간의 물리적 생존이 확보되어야 한다고 말한다. 마찬가지로 칸트에 있어서도 인간은 도덕성의 담지자로서 존재하기 위해 우선은 물리적으로 존재해야만 한다.[199]

칸트적 자살 금지에 대한 정당화 및 그 명령이 갖는 보편성의 근거에 대한 고찰을 토대로 나는 '칸트의 정언명법에 따르면 오히려 현세대를 위한 미래 세대의 희생이 선택되기가 더 쉽다'는 요나스의 주장은 설득력이 없다고 생각한다.[200]

나는 우리가 요나스의 '세계 내적 선 자체'와 칸트의 '의식 내적 도덕 법칙'을 각각 도덕성의 기원(Ursprung)과 근거(Grund)에 대한 해명으로 보면 문제를 비교적 명료한 형태로 정리할 수 있다고 생각한다. 기원이 되는 '존재론적 타자로서의 생명의 이념'과 근거가 되는 '의식 내의 타자로서의 도덕 법칙의 이념'은 각각 직관의 사태와 이성의 사실로 주어져 있다. 요나스에 있어서는 세계 내적 선 자체의 최고 형태가 인간의 책임 능력이고 의식 외적 사태인 이러한 선 자체의 요구에 의해 도덕의 주체가 의무화되지만, 칸트에 있어서는 의식 내적 무제약자인 도덕 법칙과 이 도덕 법칙의 담지자로서의 도덕성이 '경험에 제약될 수도 있는 의지'를 명령의 형식으

---

199) 칸트는 인간의 동물적 충동에는 자신의 유지뿐만 아니라 種의 유지도 속한다고 보는데 '성욕의 비자연적 사용'은 '동물적인 동시에 도덕적인 존재로서의 인간에 대한 자신의 의무'에 위반된다. 이에 대해서는 *Metaphysik der Sitten Tugendlehre*, A 68 참조. 인간의 생식 기능을 종의 유지 외의 목적에 사용하는 것은 도덕성의 담지자로서의 人類의 자살에 다름 아니라는 것이다.

200) '칸트의 정언명법이 개인적 행위자에 정향된 것이긴 하지만 이 명법은 집단적 행위 양식과 인류 자체의 실존이라는 이념으로 즉각 전용될 수 있다'는 렝크의 주장은 나의 검토와 맥락을 같이하고 있는 적절한 발언으로 여겨진다. H. Lenk, *Zur Sozialphilosophie der Technik*, Frankfurt am Main, 1982, 216-217 참조.

로 규정함으로써 의무화가 발생한다. 필연적 요구가 의식 외적 사태에서 비롯된 것인가 아니면 도덕 법칙에서 비롯된 것인가 하는 문제는 사실 요나스와 칸트의 철학적 기획 전체와 관련된 문제이다.

나의 판단으로는 도덕성의 내용과 도덕성의 형식으로 대비될 수 있는 요나스와 칸트의 가치 존재론적·가치 인식론적 문제 설정은 양자의 이론 철학적 전제들로 소급된다. 이런 맥락에서 이론 철학의 주요 문제인 因果性의 문제와 관련한 요나스의 칸트 비판을 간략하게 검토해 볼 필요가 있다. 요나스는 칸트적 오성 내에 있는 선험적 형식인 필연성의 범주를 그 기원에 있어 세계 내적 근본 경험에서 비롯된 것으로 본다. 칸트의 인과적 결합의 규칙들인 오성 범주들은 세계 내적 사태들의 규칙을 추상화한 것에 불과하다는 것이다.

> 결합의 필연적이고 보편적인 규칙은 그 규칙을 규칙이게끔 해줄 어떤 것, 즉 결합 자체를 전제하는데, 규칙 자체가 이 결합을 야기할 수는 없다. 오히려 규칙은 A를 B로 이행케 하는 '강제하는' 힘이 실천적으로(다시 말해 관계항들 중 하나인 나 자신에 의해) 경험된 확정적인 결합의 현실적인 사례들 속에서 근원적으로 예시되는 이 결합을 발견해야만 한다.[201]

> 오성 그 자체는 단지 근거(Grund)와 귀결(Folge)만 알 뿐 원인(Ursache)과 결과(Wirkung)는 모른다.[202]

따라서 요나스가 보기에 칸트적 필연성은 사태 자체의 필연성을 추상한 필연성, "필연성의 필연성"[203]이다. 사태의 필연성이 경험된

---

201) *Organismus und Freiheit*, 44(『생명의 원리』, 68).

202) *Organismus und Freiheit*, 37-38(『생명의 원리』, 58).

203) *Organismus und Freiheit*, 45(『생명의 원리』, 69). 인과율에 대한 요나스의

인과성이라면 보편적 법칙의 타당성으로서의 필연성은 경험된 인과성의 추상이라는 것이다. 이와 같은 이론 철학적 전제가 가치 및 가치 인식의 문제에 적용되면 우리가 앞에서 살펴본 바와 같이 다음과 같은 칸트 비판이 제기될 수밖에 없다.

> 도덕 법칙은 모든 행위 의존적인 선들의 부름과 이 선들이 그때 그때 *나의* 행위에 대해 갖는 권리를 일반적으로 첨예화한 것에 불과하다.[204]

도덕 법칙은 일종의 추상이라는 것이다. 그러나 사태의 필연성과 '경험의 선험적 토대인 보편 법칙의 필연성'은 동일한 필연성인가? 원인 및 결과는 근거 및 귀결과 동일한 차원에 있는 것인가? 이런 맥락에서 우리는 '선 자체에 내재한 목적성 우위의 원칙이 갖는 필연성과 도덕 법칙이 갖는 필연성은 동일한 차원의 것인가?'라고 물어 볼 수 있을 것이다. 다시 요나스의 이론 철학적 주장을 살펴보자.

> 나는 이 (잘못된) 전제(칸트의 흄적인 전제)가 칸트 논증의 본래 의도에 있어서 결정적인 것이라고 생각하지 않는다. 내가 바로 이해하고 있다면 그의 의도는 인과성 그 자체의 사실성과 인과성에 대한 우연적이고 개별적인 경험을 근거짓는 것이 아니라 경험 전체에 대한 보편적 인과 *법칙*의 타당성을 근거짓는 것이다. 그렇다면 검증되어야 할 것은……그의 논증이 과연 이러한 과제를 타당한 방식으로 성취했는가 하는 것이다. *이것*이 타당하게 수행되었건 아니건 간에 경험에 관련한 법칙은 결코 원초적인 경험 그 자체를 대신할 수 없다.[205]

비판에 관해서는 임홍빈, 『기술 문명과 철학』, 서울, 1995, 106-110 참조.
204) *Das Prinzip Verantwortung*, 162(『책임의 원칙』, 157).
205) *Organismus und Freiheit*, 45,(『생명의 원리』, 70). 두 번째 괄호 안은 나.

인과율에 대한 이상의 고찰로 분명해진 것은 '보편적 인과 법칙의 타당성'을 근거지으려는 칸트의 시도와 인과성에 대한 사실적 체험을 근거지으려는 요나스의 시도가 서로 다르다는 것이다. 칸트는 인과율의 기원에 대한 물음을 제기한 것이 아니라 보편적인 인과 법칙의 타당성에 대한 물음만을 제기했을 뿐이다. 이와 같은 이론 철학의 구분, 즉 사태 자체의 필연성과 법칙의 필연성 간의 구분은 나의 판단으로는 요나스와 칸트의 철학적 윤리학에도 적용될 수 있다.206) 사태로서의 목적성에 내재한 목적성 우위의 원칙과 칸트의 도덕 법칙은 도덕성의 서로 구별되는 원칙들일 수 있다. 그리고 각각의 판단 원칙에 입각한 요나스의 가치 판단력과 칸트의 정언명법적 판단력은 똑같이 판단력이라는 이름을 갖고 있지만 사실상 서로 다른 차원에 있는 판단력들이다. 따라서 칸트적 판단력과 요나스적 판단력이 모두 객관적 가치를 통찰하는 능력이라 하더라도, 칸트와 요나스의 객관적 가치와 그 가치에 대한 통찰 능력은 동일한 의미를 갖는 것이 아니다. 칸트의 객관성이 요구의 보편타당성, 무조건성이라면 요나스의 객관성은 요구 주체의 대상성이다. 따라서 통찰된 원칙은 각각 의식 내적(형식적) 원칙과 대상적(내용적) 원칙으로 규정될 수 있을 것이다. 이와 같은 요나스의 원칙과 칸트의 원칙은 각각 통찰의 기원과 근거로 작용한다. 따라서 가치 인식론적 맥락에서 보자면 전자는 도덕성의 발생(Genese)과, 후자는 도덕성의 타당성(Geltung)과 관련된다.207)

---

206) 그러나 이때 이론 철학과 철학적 윤리학의 상이성이 무시되어서는 안 된다는 것도 자명하다. 칸트에 있어 주목되어야 할 상이성은 대상의 규칙은 자기의식의 규칙으로 환원되는 데 비해 도덕 법칙은 근거지을 수 없는 '이성의 사실'이라는 것이다.

207) 이미 언급한 회슬레의 구분, 즉 非-인간 발생주의와 인간 발생주의라는 구분은 우리의 구분, 즉 기원(발생)과 근거(정당화)의 구분의 맥락에서

2. 책임감, 공포 및 존경

선의 요구와 이에 대한 통찰은 주체가 요구에 적극적으로 동의하
지 않는 한 無力한 것이 될 것이다. 도덕적 주체의 견지에서 출발
한다면 이러한 자발적 동의야말로 객관적 도덕 법칙이나 객관적 선
자체의 근거일 수도 있다. 선의 요구에 의식이 적극적으로 동의하
는 현상을 무시하고서 도덕성의 구조를 해명하려는 시도는 진지한
시도로 보기 힘들다. 일찍이 플라톤은 '이데아에 대한 에로스'로 이
러한 현상을 해명하고자 했다. 앞에서 보았듯이 요나스도 이러한
현상을 해명하기 위해 책임의 감정을 제시하고 있다. 그가 보기에
책임감의 현사실성은 책임을 요구하는 사태가 있다는 것을 암시한
다.208) 이처럼 도덕성의 주관적 근거는 선의 객관적 요구에 대한
"관조적 주체"의 통찰이라기보다는 이 통찰에 의해 매개된 도덕적
대상에 대한 자발적 동의 및 "승인"이다.209) 이는 요구에 귀를 기울
이는 이러한 "감수성"의 소유자인 한, 인간은 "잠재적으로 이미 '도
덕적 존재'이다"라는 요나스의 주장에서 쉽게 확인된다.210)

요나스의 책임의 원칙에서 동의 능력으로 등장하는 책임감이 전
통적 도덕 감정과 다른 점은 책임감이 영원한 대상이 아니라 無常
한 것 자체를 향한다는 점에 있다. 그런데 양자는 영원한 대상이든
무상한 대상이든 간에 대상을 향하고 있다는 점에서는 동일하다.
이에 대한 유일한 예외로 요나스가 꼽는 것이 칸트의 '법칙에 대한

이해하면 된다. V. Hösle, Ethik und Ontologie bei Hans Jonas, in : *Ethik für die Zukunft*, 113 참조.

208) *Das Prinzip Verantwortung*, 166(『책임의 원칙』, 162) 참조.

209) 이상 *Philosophische Untersuchungen und metaphysische Vermutungen*, 13.

210) 이상 *Das Prinzip Verantwortung*, 164(『책임의 원칙』, 159).

존경'이다.

앞에서 살펴본 것처럼 존경과 관련해서 요나스가 칸트에게 제기하는 비판의 골자는 법칙 또는 보편성의 이념은 감정으로서의 존경의 대상이 될 수 없다는 것이다. 나의 판단으로는 칸트의 '존경의 학설'에 대한 정합적 해석은 이러한 요나스의 반론에 대처할 능력을 갖고 있다. 앞에서 우리는 정합적인 칸트 해석에 입각하면 법칙의 요구에 대한 적극적 일치 활동의 주체가 이론 이성일 수도 없고 감정일 수도 없다는 것을 살펴본 바 있다. 만일 존경의 주체가 이론 이성이라면 도덕성은 자기의식으로 환원될 것이며, 따라서 경험에 제약된 이론 이성과는 다른 순수 실천 이성을 확보하기 위해 실천 이성 비판을 기획할 필요조차 없었을 것이다. 그리고 만일 법칙과 직접 관계하는 것이 감정으로서의 존경이었다면, 칸트는 구속성을 의식하는 주체의 아프리오리한 토대를 정초할 수 없었을 것이다. 결론적으로 칸트의 '법칙에 대한 존경의 주체'가 순수 실천 이성이라면 법칙에 대해서는 직접적으로 아무런 감정도 생기지 않으며 따라서 요나스의 비판은 무력화된다.[211] 나는 정합적 칸트 해석이라면 칸트가 존경의 개념으로 염두에 두었던 것이 도덕 법칙과 순수 실천 이성의 관계이지 도덕 법칙과 감정의 관계가 아니었다는 주장에 동의할 수밖에 없다고 생각한다. '보편적 질서에 대한 만족감'과 '무질서에 대한 혐오감'에 의해 주체의 동기력을 해명하려 했던 시도는 칸트가 도덕성을 연역하려고 시도한 지 얼마 되지 않아 칸트 자신에 의해 포기되었던 것이다.[212]

어쨌든 요나스가 말한 대로 대상의 요구에 감정이 동의하는 것은

---

211) "법칙에 대해서는 아무런 감정도 생기지 않는다"는 칸트의 주장(*Kritik der praktischen Vernunft*, A 133(『실천 이성 비판』, 83)) 참조.
212) 이 글의 2부 Ⅲ. 2. 참조.

가능할지 모르지만 원칙의 요구, 그것도 요구의 무조건성의 형식에 감정이 직접적으로 동의한다는 것은 불합리하다. 그러므로 칸트가 한편으로 법칙에 대해서는 직접적으로 아무런 감정도 생기지 않는다고 주장하면서 다른 한편 尊敬感이라는 표현을 써서 마치 감정이 도덕 법칙과 직접적으로 관계하는 듯한 인상을 주는 것은 칸트 주장의 비정합성을 드러내는 것이다. 물론 통찰과 적극적 일치 활동의 결과로 의식된 선의 요구는 감정에 간접적으로 영향을 미쳐 의지에 행위의 동기를 부여할 수 있다.

나의 판단으로는 '법칙에 대해서는 아무런 감정도 생기지 않는다'는 요나스의 주장도 단순히 대상에 대한 도덕 감정을 옹호하기 위해서 쓰이는 데 그쳐서는 안 되고 오히려 '선 자체의 원칙에 대해서는 순수 실천 이성만이 직접 관계한다'라는 주장으로 나아가야 할 것 같다. 다시 말해 요나스의 동기론은 정합적으로 해석된 칸트적 동기론에 의해 보완되어야 한다는 것이다. 왜냐하면 ① 책임감은 원칙과 관계한다기보다는 대상과 관계하는 것이어서, ② 요나스에 있어서 원칙과 관계하는 능력을 찾자면 주체의 자발적 감정으로서의 공포감인데, ③ 나의 판단으로는 공포는 또다시 원칙에 대한 이성의 동의를 전제해야만 할 것이기 때문이다. 아래에서 이 문제를 차례로 고찰해 보자.

① 나의 판단으로는 요나스의 '선 자체와 의지를 매개하는 책임감'은 책임의 대상에 내재한 선의 '원칙'과 직접 관계한다기보다는 선의 원칙을 담지하고 있는 '대상'과 관계한다. 이는 요나스가 책임의 원형을 자식에 대한 부모의 책임에서 찾고 부모의 책임감을 '원칙의 매개를 필요로 하지 않을 만큼 자발적인 감정'으로 간주하는 데서 이미 확인되지만 다음과 같은 주장에서 더욱 명확하게 드러난다.

……그러나 *존재*가 이기심에 의해 좁혀지지 않고 무관심에 의해 흐려지지 않은 시력을 만나 온전하게 혹은 일부분만이라도 인식된 다면, 그러한 *존재*는 아마도 敬畏를 불러일으킬 수 있을 것이다 ……그러나 경외감만으로는 부족하다. 왜냐하면 대상의 지각된 존 엄에 대한 이러한 감정의 긍정은 그것이 아무리 생생하다 할지라 도 전혀 행위를 촉발하지 못할 수도 있기 때문이다. 이에 부가되는 *책임의 감정,* 즉 이 주체를 이러한 객체에 구속시키는 *책임의 감정* 이 비로소 우리로 하여금 그 객체를 위해 행위하게 할 것이다.213)

경외감이 대상의 지각된 존엄과 관계하는 감정이라면, 책임감은 행위의 대상과 관계하는 감정이다. 다시 말해서 요나스가 '책임의 판정 기준(Wovor)이 책임의 대상(Wofür)에 내재한다'고 말할 때, 경 외감은 책임의 판정 기준에 대응하는 감정이며 책임감은 책임의 대 상에 대응하는 감정이다. 물론 요나스에 있어 대상과 분리된 판정 기준은 없다. 따라서 정확히 말하자면 경외감은 '책임의 대상에 내 재한 책임의 판정 기준'에 대한 감정이며, 책임감은 '책임의 판정 기준을 담지한 책임의 대상'에 대한 감정이다.

② 내가 요나스의 원칙론에서는 비교적 간단히 언급된 경외감을 책임감과 함께 검토하고 있는 이유는 책임감이 대상에 대한 구속성 의 의식일 수는 있어도 원칙에 대한 구속성의 의식은 아닌 것 같기 때문이다. 나의 판단으로는 위의 인용문에서 요나스가 거론한 '경외 감'은 실은 그가 다른 곳에서 말한 '로고스적 공포'와 관계한다. 요 나스에 의하면 로고스적 공포란 기술 공학적 실천에 대한 불길한 예측이 불러일으킨 감정으로서 기술 공학적 실천으로부터 보호받아 야 할 선의 목록을 발견하는 데 기여한다. 그러나 나의 판단으로는 이러한 로고스적 공포는 단지 간접적으로 도덕의 원칙론에 기여하

---

213) *Das Prinzip Verantwortung,* 170(『책임의 원칙』, 166, 167).

는 것214)이 아니라 그 자체가 '대상에 내재한 선의 원칙'에 대한 주체의 일치 활동의 구조라 할 만하다. 선을 발견하는 데 기여하는 공포라면 사실상 선과 직접적으로 관계하는 공포인 것이다.

> 위험이 알려져 있지 않은 한, 우리는 무엇을, 왜 보호해야 하는지 알 수 없다. 보호의 대상과 근거에 대한 지식은 모든 논리학이나 방법과는 달리 공포의 대상으로부터 나온다.215)

구체적으로 말해서 로고스적 공포란 미래에 있을지도 모르는 인류의 종말에 대한 공포이다. 공포를 불러일으키는 것은 개인으로서의 현실적 인간이 아니라 유로서의 미래 인간이다. 파토스적 공포를 불러일으키는 것은 감각적으로 경험 가능한 대상의 멸망, 즉 현재 행위 대상의 멸망이겠지만, 로고스적 공포를 불러일으키는 것은 미래 인류의 멸망, 그것도 책임 능력의 소유자인 인류의 멸망인 것이다. 즉 공포와 관계하는 것은 이념으로서의 인간이다. '이념으로서의 인간'의 멸망에 대한 공포는 '이념으로서의 인간의 존재에 대한 경외(존경)와 불가분적 관계에 있다. 따라서 나는 요나스의 '책임감'이 아니라 '로고스적 공포'가 (정합적으로 해석된) 칸트의 '법칙에 대한 존경'의 對槪念이라고 생각한다. 이렇게 본다면 책임감은 선 자체에 대한 경외에서 파생된 감정일 수 있다. 요나스가 비교적 나중에 쓴 글에서는 공포감과 책임감이 짝이 되어 나타난다.

> 우선 마음속에 떠오르는 대로 미래로부터 우리를 마주보고 있는 전지구적 자연의 인간 의존적 운명을 생각해 보면, 당연한 감정은 공포와 죄책(Schuld)의 혼합이다. 공포가 생기는 이유는 그러한 예

---

214) *Das Prinzip Verantwortung* 64(『책임의 원칙』, 66) 참조.
215) *Das Prinzip Verantwortung* 63(『책임의 원칙』, 66).

견이 정말로 끔찍한 것을 우리에게 보여주기 때문이며, 죄책이 생
기는 이유는 이 끔찍한 것을 야기할 장본인이 바로 우리 자신임을
우리가 의식하기 때문이다.216)

③ 그러나 공포가 아무리 선의 원칙에 대한 주체의 적극적 일치
활동이라 하더라도 요나스에 있어 공포는 어디까지나 감정의 기능
일 뿐 그 이상의 능력의 기능일 가능성이 없다. 나의 판단으로는
이러한 결과는 요나스가 대상과 분리되어 존재하는 선의 원칙을 부
정하고 선 자체는 오직 대상적으로만 인식된다고 보기 때문에 생긴
것 같다. 선의 원칙이 대상으로부터 독립되어 있을 수 없기 때문에
‘(대상과 분리된) 원칙 자체’에 대응할 ‘동의 능력으로서의 이성’이
그의 철학적 윤리학에서 등장하지 않는 것이다.

물론 그가 말하는 책임감이라는 감정은 단순한 감각이 아니라 특
수한 감정, 즉 도덕 감정이다. 다시 말해서 그것은 ‘애착(Affekt)을
제압하는 도덕’이 필요로 하는 특수한 감정인 것이다. 그럼에도 불
구하고 도덕성의 주관적 근거를 이러한 인간학적 감정에서 찾는 것
은 그의 윤리학적 기획의 심각한 약점이 될 수 있다. 더군다나 책
임의 관계가 부모와 자식의 관계에 머무르지 않고 정치가와 피치자
의 관계 및 현명한 세계 지도자와 미래 인류의 관계로 확대되어야
하는 마당에 도덕성의 주관적 근거를 감정에서 찾는 것은 소박하다
못해 차라리 위험하다. 요나스가 책임감에서 책임의 원칙의 주관적
근거를 찾을 경우 책임 윤리는 칸트 이전의 관습적 단계의 도덕성
으로 전락할 수도 있다는 아펠의 지적은 바로 이 맥락에서 제기된
것이다.217) 나는 요나스의 로고스적 공포가 ‘무목적성보다 우월한

---

216) *Philosophische Untersuchungen und metaphysische Vermutungen*, 141. 나는
　　공포와 죄책을 각각 책임의 판정 기준(Wovor)과 책임의 대상(Wofür)에
　　대응하는 것으로 본다.

목적성'의 원칙에 대한 이성의 존경을 암묵적으로 전제하고 있거나
아니면 전제해야만 한다고 생각한다.

3. 도덕적 자유와 반성적 자유

이상에서 우리는 의무화되는 것의 자유를 각각 책임성과 자율성
으로 고찰하였다. 도덕적 판단의 원칙과 판단 능력, 객관적 선의 요
구에 대한 주체의 구속성의 의식이라는 문제에 대하여 양자는 다른
원칙과 다른 판단력, 다른 동의 능력을 제시한다. 우리가 살펴본 대
로 요나스는 자신의 주장을 부각시키기 위해 주로 칸트를 비판의
대상으로 삼는다. 그렇다면 요나스는 책임과 자율을 양자택일의 문
제로 보고 자율을 책임으로 환원하려는 것인가? 나의 판단으로는
그런 것 같지는 않다. 이하에서 우리는 ① 요나스가 비록 책임성을
우선적 과제로 설정하긴 하지만 ② 책임과 자율 양자를 상호 배타
적인 관계에 있는 것으로 보지 않고 일종의 위계적 질서 관계에 있
는 것으로 본다는 사실을 확인하게 될 것이다.

① 요나스는 그의 『책임의 원칙』에서는 책임성의 규명과 부각이
주된 목표인 만큼 칸트적 도덕성을 그 자체로 다루지는 않는다. 다
만 그는 인간의 힘에 의해 제기된 당위의 문제만을 다루겠다는 방
법론적 제한을 스스로에게 부과한다. 기술 공학적 권력에 의해 위
기에 처한 일차적 善은 초월적 대상이라기보다는 無防備 상태
(defenselessness)[218]에 처해 있는 생명, 그중에서도 미래 인간이다.

---

217) K. O. Apel, Die ökologische Krise als Herausforderung für die Diskursethik,
in: *Ethik für die Zukunft*, 394 참조. 그리고 V. Hösle, Ökologie und Ethik
bei Hans Jonas, in: *Ethik für die Zukunft*, 122. 참조.

218) 요나스가 역사를 이해할 수 있는 가능성에 대해 논구하고 있는 글에서
도 이 무방비성이 주요 개념으로 등장한다. 요나스에 의하면 예술 작

무방비 상태에 놓여 있는 대상이 일방적으로 요구를 제기한다는 것, 이것이 요나스의 윤리학에 있어 핵심 개념 중 하나인 非互惠性의 의미로 나타난 것이다. 바로 이 개념 때문에 요나스의 기획은 다른 기획들, 즉 호혜성의 기획이나 '초월적 비호혜성'의 기획과 선명히 구별된다. 우선 요나스의 비호혜성은 쌍방적 의사소통 관계에서 드러나는 권리－의무의 관계와 질적으로 구별된다. 요나스의 말대로 이러한 의사소통 관계에서는 '권리 없는 의무'는 성립하지 않을 것이기 때문이다. 더 나아가 요나스의 비호혜성은 전통적으로 신과 인간 사이에 성립하는 것으로 여겨졌던 비호혜성과도 다르다. 최고의 권위로 인간에게 명령을 내리는 타자로서의 신은 무방비 상태의 존재가 아니라 불멸의 존재, 최고의 존재이며, 따라서 책임의 대상이 아니라 경외의 대상이기 때문이다.

이와는 정반대로 *책임의* 대상은 무상한 것 그 자체이다. 그러나 나와 이 대상 간의 이러한 공통성에도 불구하고 이 "타자"는 나에게 고전 윤리학의 초험적 대상들 중 하나로 분류될 수 없다. 이 타자는 훨씬 더 좋은 것이 아니라 나름의 고유한 권리를 가진 자기 자신일 뿐이다. 그러나 *이러한* 타자성이, 내가 타자에게 혹은 타자가 나에게 동화됨으로써, 극복되어야 하는 것은 아니다. 바로 이 타자성이 나의 책임에 대한 소유권을 가지며 여기서는 어떠한 동화도 의도되지 않는다. 그러나 "완전성"과는 거리가 멀고 그 자신의 사실성에 있어 전적으로 우연적인 이 대상은 그것의 무상함, 궁핍 및 불확실성 *내에서* 지각되면 자신의 순수한 현존재에 의해(특

품 및 문헌을 통해 우리에게 주어진 과거는 그것의 무방비성을 통해 그것의 현존재를 온전하게 보호하도록 일방적으로 우리를 구속한다. H. Jonas, Change and Permanance : On the Possibility of Understanding History, in: *Philosophical Essays,* Chicago, 249-250 참조. 우리의 맥락에서는 이 '무방비 상태에 놓여 있으면서 보호의 권리를 갖는 것' 중 하나가 위기에 처한 목적성이며 그 분명한 예가 신생아이다.

정한 성질에 의해서가 아니라) 어떠한 소유욕과도 무관하게 나의
인격을 이용하기 위해 나를 움직일 수 있는 힘을 갖는다.[219]

요나스는 이러한 전환을 "초월의 폐지"[220]라는 말로 표현한다. 초
월의 폐지와 짝을 이루는 비호혜성은 부모와 자식, 정치가와 피치
자, 인간과 자연의 관계에 적용된다. 부모, 정치가, 인간은 책임 능
력의 담지자이며 따라서 그들의 일차적 문제 영역은 그들의 힘이
미칠 수 있는 대상이다.

요나스에 의하면 플라톤, 칸트, 마르크스가 대표하는 '垂直적 윤
리학'보다 '수평적 윤리'가 우선해야만 한다. 이에 따라 요나스는
칸트의 '너는 해야만 하기 때문에 할 수 있다'라는 명제를 '너는 할
수 있기 때문에 해야만 한다'라는 명제로 역전시킨다. 그러나 이 전
도된 명제는 엄밀히 말해서 칸트의 명제와 직접적으로 대립하는 반
대 명제가 아니다. 왜냐하면 칸트의 '할 수 있음'과 요나스의 '할
수 있음'은 각각 도덕적 능력과 사실적 능력으로서 서로 다른 것을
의미하기 때문이다. 만일 "너는 해야만 한다"라는 객관적 명령(그것
이 세계 내적 사태이건 이성의 사실이건 간에)이 없다면 모든 행위
와 목적은 가언명법적 행위, '나에게 노고를 기울일 가치가 있는'
목적으로 환원될 것이다. 요나스의 전도된 명제는 일차적으로 자신
의 '수평 윤리'의 절박성을 역설하기 위한 것이다.

---

219) *Das Prinzip Verantwortung*, 166(『책임의 원칙』, 161). 요나스가 타자에
　　대한 호혜적 관계 일반을 전적으로 배제한 것은 물론 아니다. "확실히
　　'이웃' 윤리의 오래된 지침들은……인간 상호 작용의 친밀하고도 일상
　　적인 영역들에 대해서는 여전히 타당하다." *Das Prinzip Verantwortung*,
　　26(『책임의 원칙』, 33).

220) *Das Prinzip Verantwortung*, 231(『책임의 원칙』, 224).

우리의 반대 명령에서 "할 수 있음"은 세계에 인과적 영향력을
행사함을 의미한다. 이러한 영향력은 결국 우리 책임의 당위에 직
면하게 된다. 이 영향력에 의해 현존 일반의 조건들이 위태로워진
다면, 한동안 완전성, 최상의 삶, 심지어는 "선한 의지"(칸트)를 향
한 고상한 노력도 우리의 세속적인 세계 내적 인과성이 우리에게
부과한 세속적 의무들 뒤로 물러나야만 할 것이다.[221]

② 요나스는 『책임의 원칙』에서 책임 능력의 우선성을 부각시키
고 있지만 그럼에도 불구하고 적어도 칸트적 선 의지를 부정하거나
그것의 불필요성을 주장하지는 않는다. 오히려 그는 다른 곳에서
책임 능력 이상의 도덕성이 필요하다는 것을 적극적으로 주장하고
있는데 그것이 바로 '반성적 자유'이다. 따라서 우리는 책임성의 한
계에 대한 칸트적 반론을 제기하기보다 요나스 자신에 의한 책임성
의 한계 설정을 고찰해 보면 된다.

요나스는 자신의 『물질·정신·창조』에서 인간 정신의 세 가지
초월적 자유를 상세하게 서술하고 있는데 이는 각각 Ⓐ 사유가 특
정한 순간에 강요된 주제의 구속으로부터, 즉 외부 세계와 자기 신
체에 의해 규정된 상황의 구속으로부터 해방되어 주제를 스스로 선
택할 수 있는 자유, Ⓑ 사유가 사물의 주어진 존재 방식으로부터
해방되어 감성적으로 주어진 것을 스스로 창조한 내면적 像으로 변
화시킬 수 있는 자유, Ⓒ 사유가 언어의 상징적 비상 능력(Flugkraft)
에 의해 세속적인 존재의 구속으로부터 해방되어 초감성적인 것,
무한한 것, 무조건적인 것으로 이행할 수 있는 자유이다.[222] 요나스

---

221) *Das Prinzip Verantwortung*, 231(『책임의 원칙』, 224).

222) *Materie, Geist und Schöpfung*, 25-26(『물질·정신·창조』, 53-54) 참조. 이
　　상의 세 가지 자유는 각각 앞(1부 Ⅲ. 1.)에서 살펴본 순수 지성으로서
　　의 이성 능력, 기술적 오성으로서의 이성 능력, 가치 판단력으로서의
　　이성 능력에 해당된다.

의 책임 능력은 물론 세 번째 자유에 속한다.

> 인식이 나를 향한 피인식자의 *요구의* 승인(사유된 무제약자에
> 구속된 의지의 근저에는 이러한 승인이 가로놓여 있다)으로 ―즉
> 존재에서 당위로, 직관된 성질에서 청취된 가치의 명령으로― 이
> 행하게 되는 가치관의 영역에서는 전술한 모든 자유에 인간의 도
> *덕적인* 자유가 새로이 부가된다.223)

여기서 직관된 성질, 청취된 명령, 도덕적 자유는 각각 목적성,
무목적성보다 우월한 목적성의 요구, 책임 능력으로 이해해도 무방
하다. 그런데 요나스는 이러한 '대상에 의해 촉발되는 도덕성으로서
의 책임성'보다 더 높은 차원에 있는 정신 능력을 언급하고 있는데
그것이 바로 "자신의 주체인 자아를 주제화할 수 있는 능력",224) 즉
반성의 자유이다.

> 그리고 이제부터는―즉 윤리적 차원에서는―반성의 본래적인
> 기적이 일어난다. 여기에서는 가치 평가를 수행하는 자아 자신도 가
> 치 평가와 가치 의지의 대상이 되어 양심의 판단으로는 종속된다.225)

나는 이러한 반성 능력이 준칙의 입법성 여부를 반성하는 칸트의
순수 실천적 판단력과 본질적으로는 다르지 않다고 생각한다. 요나
스도 반성에서 발견되는 것은 전적으로 "전혀 눈에 보이지 않는 어
떤 것, 즉 주관성 자신의 주체", "현상적이지는 않은 자유의 자
아"226)라고 말하고 있다. 왜냐하면 "초월적인 척도에 의거한 자기

---

223) *Materie, Geist und Schöpfung,* 26-27(『물질 · 정신 · 창조』, 56).
224) *Materie, Geist und Schöpfung,* 27(『물질 · 정신 · 창조』, 57).
225) *Materie, Geist und Schöpfung,* 28(『물질 · 정신 · 창조』, 58-59).
226) 이상 *Materie, Geist und Schöpfung,* 28(『물질 · 정신 · 창조』, 58).

구속은 관심 그 자체를 무한하고 무제약적인 어떤 것으로 만들기"227) 때문이다. 이 '비현상적 자유'의 칸트적 형태가 선험적 자유이고 '초월적 척도'의 칸트적 형태가 이성의 사실로서의 도덕 법칙이며 관심의 칸트적 형태가 '선 의지'일 것이다. 요컨대 요나스의 반성적 자유는 도덕적 자유보다 더 높은 차원에 있는 인간의 정신 능력이다. 뿐만 아니라 반성적 자유는 '가치를 평가하는 자아'를 판단한다는 점에서 단순히 한 차원 높은 정신 능력이 아니라 도덕적 자유 자체를 반성하는 능력이다. 이로써 요나스적 책임성이 칸트적 도덕성을 전혀 배제하지 않을 뿐만 아니라 오히려 더 고차적인 단계로 설정하고 있음이 비교적 분명하게 드러난 것 같다.

요나스는 '도덕적 자유'가 가장 초월적인 동시에 가장 위험한 것일 수도 있다고 본다. 왜냐하면 도덕적 자유는 "극단적인 악을 선택할 수 있는 자유이기도 하기 때문이며", "선과 악에 관한 지식, 즉 선과 악을 구별하는 능력은 또한 선과 악을 행할 수 있는 능력이기도 하기" 때문이다.228) 이론적 인식에서 경험되는 필연성들이 경험의 조건으로서의 필연성에 의해 질서지어지듯이 대상적으로 경험되는 선의 요구들은 무제약적 요구에 의거한 반성에 의해 질서지어질 수 있을 것이다. 잘못된 가치 이해의 위험이나 상이한 대상적 가치들의 갈등을 극복하기 위해서는 초월적 척도에 의거한 반성이 요구된다. 따라서 '반성적 자유'는 '도덕적 자유'의 對應極(Komplementärpol)이다.

책임을 호소하는 대상, 즉 세계 내의 외적인 非我 — 이것이 인격이건 어떤 상태이건 간에 — 의 선에 대한 배려는 또한 내적인

---

227) *Materie, Geist und Schöpfung*, 29(『물질 · 정신 · 창조』, 60).
228) *Materie, Geist und Schöpfung*, 27(『물질 · 정신 · 창조』, 56).

선, 즉 자기 인격의 가능한 당위적(geschuldet) 선함에 대한 관심을
포함하고 있다.229)

물론 자신의 선함에 대한 관심(자신의 옳음에 대한 관심)이 일차
적으로 중요한 것은 아니지만, 그것은 타자의 선에 대한 관심(타자
의 좋음에 대한 관심)을 완성하기 위해서라도 요구된다.

물론 후자(자기 인격의 선함에 대한 관심)는 *일차적*으로 의욕된
것이 아니다. 일차적으로 의욕된 것은 항상 세계 속에서 내가 마주
하고 있는 상대방의 행복일 것이다. 하지만 자아의 선함은 은밀히
혹은 공공연히 비아의 선과 함께 의욕 되며, 이러한 주체의 자기
구속이 비로소 세속적인 행동의 단순한 도덕성을 더 엄격한 인격
의 윤리로 고양시킨다. 타자를 향한 일차적 의욕은 주어진 경우에
운이 좋으면 만족될 수 있지만, 반성적으로 함께 의욕된 것, 즉 자
기 삶의 방식에 대한 자아의 관심은 항상 만족되지 않은 채 자기
회의로 괴로워할 수밖에 없다.230)

---

229) *Materie, Geist und Schöpfung* 28 29(『물질 · 정신 · 창조』, 59).

230) *Materie, Geist und Schöpfung*, 29(『물질 · 정신 · 창조』, 59). 괄호 안은 나.
　　나의 판단으로는 '끊임없는 회의에 시달리는 것'은 반성적 자아가 규제
　　적 이념으로서의 초월적 척도하에 자신을 위치시키기 때문이다.

맺는 말

　내가 이글의 과제로 설정했던 것은 요나스와 칸트의 윤리학을 주로 '가치의 존재론적 지위 및 이러한 가치와 관계하는 인식 주체의 능력'의 문제를 중심으로 비교하는 것이었다. 우리는 선의 객관적 요구, 도덕적 요구의 객관성에 대한 파악, 요구에 대한 능동적 일치라는 세 계기를 중심으로 자율의 윤리와 책임의 윤리를 분석했다. 그 결과 우리는 책임성과 자율성이 일대일의 모순 관계에 있는 것이 아니라 도덕성의 두 가지 차원들이며 그것도 구조적 동일성을 갖는 두 가지 차원들이라는 것을 알게 되었다. 내가 책임과 자율을 분석하는 데 동원한 밑그림은 발생(Genese)과 타당성(Geltung)의 구별이었다. 요나스의 책임성은 세계 내의 선 자체에 대한 도덕적 경험으로부터 발생하며 칸트의 도덕성은 이러한 도덕적 경험을 반성하는 차원에 존재한다. 우리는 요나스가 도덕적 자유와 반성적 자유를 구분하고 양자를 서로 관계시키는 것을 검토함으로써 이를 확인했다.

　아래에서 나는 책임과 자율의 비교에서 얻은 주요 결과들을 정리하고 이러한 결과들이 포괄적 의미의 실천 철학적 지평에서 지니는 의의를 부각시켜 보겠다.

1. 기술적 합리성과 도덕적 합리성

주로 근대 이후부터 본격적으로 부각된 기술적 합리성 對 도덕적 합리성의 갈등은 인간 실존의 근본적 위기 상황이 근대적인 방식으로 표출된 것이라고 볼 수 있다. 진화론적 관점에서 볼 때 인간이 동물과 구별되기 시작하는 시점은 도구적 존재로서의 인간, 즉 호모 파베르의 출현기라고 할 수 있다. 인간 행위에 도구가 개입함으로써 도구적 행위의 결과와 그 결과에 대한 지각 사이에는 간극이 발생한다. 오늘날 대규모 기계에 의한 집단적 실천의 결과를 예측할 수 없게 된 것은 이러한 간극이 세대를 뛰어넘어 극대화된 경우라 할 수 있다. 도구의 사용에 의해 인간은 자연과 분리될 뿐만 아니라 다른 인간과도 분리된다. (武器의 등장은 그 극단적 예이다.) 진화론적 관점에서 보면 '윤리'는 이러한 인위적 간극을 메우기 위한 이성적 도구라 할 수 있다. 다시 말해 윤리란 호모 파베르에 대응하는, 호모 사피엔스의 도구인 것이다.

나의 판단으로는 호모 파베르가 발생시킨 문제를 호모 파베르로서의 인간에 의해 해결하려는 모든 시도, 예를 들면 기술 지상주의나 그것의 이론적 근거인 행복주의, 그리고 행복주의의 현대적 형태인 공리주의는 기술적 합리성을 제어할 이론적 근거를 제시할 수 없다는 한계를 지닌다. 이 입장들은 한결같이 도구적 가치로부터 독립된 도덕적 가치를 인정하지 않으며 인간의 도덕성을 단지 개인적 · 집단적 이익의 문제로 환원한다. 이익으로 환원될 수 없는 객관적 · 도덕적 가치를 승인하지 않는 한 공리주의는 인간 행위의 협소한 영역에서만 설명력을 가질 뿐이다.

칸트는 행복주의에 반대하고 '도덕성을 자기애라는 인간학적 최종 판정 기준으로 환원하려 한 홉스적 시도'에 대해 적대적 태도를 취한다. 마찬가지로 요나스는 호모 파베르와 호모 사피엔스의 전도된 관계를 윤리학에 의해 극복해야 한다고 주장한다.[231] 기술적 행위는 기술적 행위를 제어할 타당한 근거를 갖지 못한다는 인식을 양자는 공유하고 있는 것이다. 책임의 윤리와 자율의 윤리는 기술적 합리성을 제어할 도덕적 합리성을 확보하려고 시도하면서 한결같이 전략적 가치를 규제할 객관적·도덕적 가치를 승인하는 데서 출발한다. 그리고 책임의 윤리와 자율의 윤리는 인간이 가치에 대해 관계를 맺는 방식이 이성적 특성을 갖는다고 본 점에서 일치한다. 그러므로 객관적 가치를 인정하고 도덕적 판단과 사실적 판단을 구별하는 이러한 기획은 자연적 존재론에 기반을 두어서는 달성될 수 없다. 칸트와 요나스가 그들의 윤리학의 기획을 형이상학이라는 이름으로 표현하고 있는 것은 바로 이런 이유 때문이다. 나는 기술적 합리성으로 환원되지 않는 도덕적 합리성을 고수하려는 한 명시적으로든 암묵적으로든 형이상학에 관여할 수밖에 없다고 생각한다.

그런데 우리가 살펴보았듯이 요나스는 오직 도덕성의 이념만을 천착한 칸트의 도덕 형이상학에 머무르지 않는다. 기술적 실천에 의해 위협받는 가치의 목록에 인간뿐만 아니라 인간 외적 생명도 포함되고 있다는 사실, 더 나아가 인간을 포함한 생명의 '미래 존재'도 포함된다는 사실이 요나스로 하여금 전통적인 존재론적 형이상학에 접근하도록 한 것이다.

---

231) *Das Prinzip Verantwortung*, 31-32(『책임의 원칙』, 37-38) 참조.

2. 생명의 이념과 선 의지의 이념

요나스와 칸트의 실천 철학은 생명의 이념과 선 의지의 이념이 사실적 존재와는 다른 방식으로 현실성을 갖는다는 데서 출발한다. 생명의 이념과 선 의지의 이념은 이론적으로는 결코 演繹해 낼 수 없는 원칙을 지닌다. '무목적성에 대한 목적성의 우위'라는 원칙과 '준칙의 입법성'이라는 원칙은 이론적으로는 연역할 수 없다. 그러나 이 원칙들의 실재성을 우리는 결코 의심할 수 없다는 것이 양자의 주장이다. 요나스의 '목적성 우위의 원칙'은 발명되는 것이 아니라 발견되는 것이다. 마찬가지로 칸트의 도덕 법칙도 이성에 의해 발명되는 것이 아니라 이성에 주어져서 발견되는 것이다. 물론 생명의 원칙과 달리 도덕 법칙은 대상적으로 주어지지는 않는다. 다시 말해서 생명에서 목격되는 자유의 원칙은 요나스에 따르면 대상적으로 직관되지만, 칸트의 도덕적 자유는 대상적으로 직관되지 않는다.

사실 요나스의 '생명의 이념'은 그 담지자가 인간인 경우 비교적 용이하게 승인될 수 있다. 인류가 존재할 수 있는 권리(Daseinsrecht)와 인간이 책임 능력을 가지면서 본래적인 모습으로 존재할 수 있는 권리(Soseinsrecht)는 "일반적 양식과 통념에 근거하고 있기 때문에 대단한 윤리적 사변을 요구하지 않는다"232)고 볼 수도 있다. 이에 비해 칸트적 '선 의지'와 선험적 자유는 요나스의 경우에서처럼 대상으로서 경험되는 차원에 있지 않다. 그렇다고 이러한 자유를 초험적인 어떤 것으로 보거나 도덕 법칙을 도덕적 맥락과 분리된 초감성적 세계의 원칙으로 볼 수는 없다. 칸트에 따르면 선험적 자

---

232) 임홍빈, 『기술 문명과 철학』, 서울, 1995, 262.

유는 오직 실천적인 맥락에서만 실재성을 가진다. 그리고 비록 신이라 할지라도 이러한 인간의 도덕 법칙으로부터 자유로울 수는 없는 것이다. 이처럼 이론적 연역도 불가능하고 대상적으로도 직관될 수 없는 칸트적 자유를 입증하는 데에는 반성적 논증이 유효한 것으로 보인다. 이러한 맥락에서 칸트적 도덕성의 실재를 입증하기 위해 아펠이 동원하는 반성적 논증은 충분히 고려해 볼 만하다는 것이 나의 생각이다.

그런데 요나스가 제시하는 '생명의 이념'의 담지자가 인간 外的 존재인 경우 이념의 실재성은 인간의 경우에 비해 그다지 자명하지 않은 것처럼 보인다. 서구의 과학 기술 문명의 세례를 받은 이들에게는 자연적 생명의 이념이 낯선 것이 사실이다. 그러나 오늘날 생물학의 진화론은 목적론적 존재론이 복권될 가능성을 열어 놓았으며 이에 대응하는 '사변적 진화론'은 시간성의 개념을 중심으로 하는 생명주의적 세계관을 모색하고 있다. '목적성에서 선 자체를 볼 수 있다'는 요나스의 주장은 '생명의 모험'이라는 개념으로 압축될 수 있는 그의 진화론적 형이상학에 근거하고 있다. 주의해야 할 것은 요나스가 가치 존재를 문제삼는 논의 지평은 단순한 생물학적 진화론의 차원이 아니라는 점이다. 생명의 자연적 죽음은 그 생명에게는 禍일지 모르지만 그 자체로는 아직 도덕적 惡이 아니다. 인간이 그러한 생명에 내재하고 있는 가치 원칙을 위반할 경우에만 악은 성립한다.233) 자연적 禍·福은 사실적 경험에서 확인되지만, 도덕적 善·惡은 오직 도덕적 경험에서만 성립된다. 따라서 자연적

---

233) 그러므로 요나스에 있어 '악 자체'는 불가능하다. 악이란 선의 원칙의 붕괴인 것이다. 회슬레도 요나스에 있어서 존재론과 윤리학이 분리되어야만 악의 문제가 규명될 수 있다고 본다. V. Hösle, Ethik und Ontologie bei Hans Jonas, in : *Ethik für die Zukunft*, München, 119 120 참조.

禍·福은 진화론적 생물학으로 記述될 수 있겠지만, 도덕적 善·惡은 오직 생명주의적 형이상학에 의해서만 근거지어진다.

요나스가 자연주의적 추론을 하고 있다는 비판은 요나스가 '사실로서의 생명'으로부터 가치를 도출하는 것이 아니라 '이념으로서의 생명'으로부터 가치를 도출하고 있다는 점을 고려하면 오해임이 밝혀진다. 칸트의 경우, 선 의지는 대상적으로 경험되지 않으며 따라서 이론 이성의 고찰 대상이 아니다. 이때 선 의지의 원칙과 이에 입각한 판단이 사실 판단이 아니라는 것은 분명하다. 따라서 칸트가 자연주의적 추론을 하지 않고 있다는 것도 분명하다. 요나스의 생명의 이념은 칸트적 선 의지의 이념과는 달리 대상적으로 직관된다.234) 그러나 이렇게 선 자체로 직관된 생명은 단순한 사실적 존재가 아니라 가치를 담지하고 있는 존재, 즉 형이상학적 존재인 것이다. 사실과 가치의 통일체인 이념으로부터 가치를 도출하는 것에 자연주의적 추론이라는 판정을 내리는 것은 무리가 있다. 요나스의 말대로 사실과 가치의 분리가 근대의 운명이라면 분리 이전의 형이상학적 윤리학에 대해 자연주의적 오류 추리라는 판정을 내릴 수는 없다. 따라서 선 자체에 대한 요나스적 근거지음은 도덕적 가치를 이익으로 환원하는 벤담(J. Bentham) 流의 자연주의적 환원에 해당되지 않는다.235) 나의 판단으로는 자연주의적 오류 추리의 혐의를 요나스로부터 벗겨 내는 일은 중요하다. 왜냐하면 그가 자연주의적 환원에 관여하고 있다면 그의 윤리학은 전략적 생존술에 지나지 않을 것이기 때문이다.

---

234) 역으로 칸트의 도덕성의 이념이 규제적 성격을 띠는 이유는 선험적 자유나 도덕법이 대상적으로 경험되지 않기 때문이다.

235) 벤담의 자연주의적 환원에 대한 무어의 비판은 G. E. Moore, *Principia Ehtica,* London, 1956, 18 참조.

사실 칸트와 요나스의 가치 존재론의 차이는 인간 외적 생명에 대한 고찰에서 두드러진다고 말할 수 있다. 요나스의 입장에서 보면 동물의 권리를 직접적으로 인정하지 않고 단지 인간의 도덕성을 매개로 해서만 인정하는 칸트적 입장은 불충분하다고 볼 수도 있다. 그럼에도 불구하고 요나스도 인간에 대한 인간의 책임을 우선적인 것으로 봄으로써 인간과 인간 외적 생명 간에 일종의 권리상의 차별이 있음을 용인한다. 나의 판단에도 가치에 있어 이러한 위계질서는 불가피하다.236)

나는 요나스의 '선 자체로서의 목적성'이 기술 공학 시대에 위협받고 있는 가치에 대한 관심을 불러일으키고, 생명에 대한 인간의 책임 의식의 근거를 제공하는 데 기여할 수 있다고 생각한다. 칸트가 생명의 이념과 관계하는 반성적 판단력을 오직 주관적 효용성만을 지닌 것으로 보는 한, 인간 외적 가치는 오직 간접적으로만 의무의 대상일 수 있다. 만일 존재론의 영역에서 기계론과 목적론을 양자택일의 관계에 있는 차원들로 보지 않고 진화적 맥락 내에서 질서지어질 수 있는 차원들로 본다면 생명의 이념을 위한 이론적 토대가 마련될 수도 있을 것이다.

그러나 본문에서 밝힌 대로 요나스의 선 자체와 생명의 자유는 칸트의 도덕적 자유와 모순 관계에 있을 필요가 없다. 판단력 비판에서 실재하는 목적성이 인정되지 않는다는 사실은 실천 철학에서 '목적 자체로서의 인간'이라는 문제에 아무런 영향을 미치지 못한

---

236) 진화론의 관점에서도 인간과 인간 외적 생명은 동일성의 관계에 있는 것이 아니라 형식적 상응성의 관계에 있다고 보아야 할 것이다. 이에 대해서는 임홍빈, 『기술 문명과 철학』, 251 참조. 그리고 요나스적 '존재의 사다리'에 대한 언급으로는 K. O. Apel, Die ökologische Krise als Herausforderung für die Diskursethik, in : *Ethik für die Zukunft*, 387-388 참조.

다. 칸트의 도덕적 자유는 세계 내의 타자에 대한 도덕적 경험의 차원에서 확인되는 것이 아니다. 요나스가 칸트의 '목적 자체로서의 인간'을 세계 내의 타자에 대한 직관에서 비롯된 것으로 본다면 이는 칸트적 자유에 대한 오해라 할 수 있다. 선험적 자유와 선 의지 및 도덕 법칙은 오직 의식 내의 타자로서만 경험된다. 오히려 칸트적 자유의 공간은 도덕 법칙이라는 척도로 요나스적 책임의 자유를 반성해 볼 수 있는 차원에 있다.

마지막으로 나의 판단으로는 흥미로운 것은 '무생명적 자연에 대한 책임'이 요나스에게는 탈락되어 있다는 점이다. 요나스가 무생명적 자연을 도덕적 가치의 담지자로 보지 않은 이유는 물질에 심리적인 것이 있음을 인정하면서도 우주에 편재해 있는 심리의 전체 주체는 인정하지 않기 때문임을 우리는 고찰한 바 있다. 일단 이러한 입장은 진화의 우연성에 대한 요나스적 수용의 결과인 것으로 보인다. 그러나 나의 판단으로는 중요한 것은 이러한 '우연성'이 형이상학적 결정론을 반대하기 위해 수용된 측면이 있다는 것이다. 만일 전체 주체가 상정된다면 형이상학적 결정론 또는 예정론은 피할 수 없다. 물질로부터 생명이 출현한 것은 '세계 내에 있으면서 세계의 운동을 배후 조종하는 어떤 통일적 힘'의 결과가 아니라 물질에 부속되어 있던 심리적인 것들의 모험의 결과이다.

사실 예정론에 대한 요나스의 거부는 역사적 체험과 결부된 그의 세계관에서 비롯된 것일지도 모른다. 그의 글 「아우슈비츠 이후의 신개념」은 전통적으로 신의 정의적 특성으로 여겨졌던 '신의 전능'을 포기한다.[237] 역사 철학적 맥락에서 본다면 세계에 신이 개입하

---

237) *Philosophische Untersuchungen und metaphysische Vermutungen*, 201 참조. 그리고 J. Kim, Moralität in der Gott-verlassenen Welt. Theodizeefrage bei Kant und Jonas, in: *Kant und die Berliner Aufklärung. Akten des IX.*

지 않는다는 확신을 가져다준 아우슈비츠의 체험이 그의 '汎神論 없는 汎心論'으로 구체화되었을 수도 있다. 요나스가 '희망의 원칙' 보다는 공포의 발견술에 기대고 있는 것도 바로 역사 철학적 예정 론이 가져온 결과에 대한 반성에서 비롯된 것이라고 할 수 있다.238) 어쨌든 요나스에 있어 칸트적 '崇高'나 '敬畏'가 아니라 '책임'이 주 된 개념으로 등장하는 것은 그가 세계 내에서 형이상학적 전체 주 체를 인정하지 않는다는 점과 관련되어 있다. 간단히 말해서 요나 스에 있어 전체 자연에 대한 경외가 주된 개념으로 등장하지 않는 것은 범신론 없는 범심론의 필연적 귀결이다.

3. 행위 의식과 실천 의식

객관적 선에 대한 '도덕적 주체의 의식'의 관계는 단순한 자극과 반응의 관계가 아니다. 구속성(Verbindlichkeit)의 의식이야말로 도덕 적 의식을 여타의 미적 의식이나 이론적 인식과 구별해 주는 요소 다. 자율의 원칙과 책임의 원칙에서 구속성의 의식은 실천적 판단 력과 '의식의 자발적 일치 활동'이라는 두 계기로 구성된다.

Internationalen Kant-Kongresses, Bd. 3, Berlin, 682-688, 2001 참조.

238) 결국 인간의 어깨에 책임이 부과된 것은 전능한 신의 명령 때문이라기 보다는 신이 간섭하지 않는 지상에서 유일한 권력자가 인간이기 때문 이다. 이에 대해서는 *Materie, Geist und Schöpfung*, 58(『물질 · 정신 · 창 조』, 101) 참조. 결국 요나스가 '너는 해야만 하기 때문에 할 수 있다' 라고 주장하지 않고 '너는 할 수 있기 때문에 해야만 한다'라고 주장하 는 것은 신의 명령이 우선적인 것이 아니라 인간의 능력이 우선적인 것이기 때문이다.

3-1

요나스와 칸트에 있어 구속성의 의식이 판단력이라는 계기를 갖는 것은 객관적 선이 可知的 특성을 지니고 있기 때문이다.239) 객관적 선은 감성에 대한 자극으로 지각되지 않는다. 요나스의 경우, 직관적으로 분명하게 생명에 내재하고 있는 선의 원칙은 도덕적 주체의 이성에 의해 파악되며 이성은 이 원칙에 입각하여 도덕적 판단을 내린다. 요나스가 '가치 판단력으로서의 이성'과 '순수 지성'을 구분하고 있다는 점240)에 유의한다면, 우리는 다시 한 번 요나스가 가치와 사실을 구분하고 있다는 것을, 즉 '가치 판단력에 의해 판단되는 선한 것'과 '순수 지성에 의해 판단되는 사실로서의 생명'을 구분하고 있다는 것을 확인할 수 있을 것이다.

요나스의 가치 판단력이 '내가 노고를 기울일 가치가 있는 것'을 판정하는 데 비해 칸트의 가치 판단력은 입법적 준칙을 판정한다. '목적성 우위의 원칙'에 입각한 가치 판단이 도덕적 대상 및 그 대상에 대응하는 나의 행위를 판단하는 차원에 있다면, 정언명법에 입각한 판단은 행위가 아니라 행위의 준칙을 판단하는 차원에 있다. 요나스의 가치 판단력이 규범에 의해 행위를 판정하는 차원에 있다면, 칸트의 판단력은 바로 그러한 규범을 정언명법에 입각하여 판정하는 차원에 있는 것이다. 회페에 따르면 칸트 윤리학의 의의는 구체적 행위와 관련된 실천적 판단 자체를 반성하는 도덕성의 차원

---

239) 이런 점에서 양자는 선이 지식이라는 소크라테스적 전통을 따르고 있다. 플라톤에 의해 묘사된 소크라테스는 '邪惡함은 덕에 대한 無知인 동시에 자신에 대한 무지'라고 주장한다. 이와 관련하여 Platon, *Der Staat,* übers., F. Schleiermacher, Wissenschaftliche Buchgesellschaft, Darmstadt, 1971, 251-253(409d-409e) 참조.

240) 이글의 1부 Ⅲ. 1. 참조.

을 규명해 낸 점에 있다.241) 아리스토텔레스적 프로네시스가 준칙과 행위 사이에서 작용하는 판단력이라면, 칸트의 판단력은 정언명법과 준칙 사이에서 작용하는 판단력, 즉 순수한 실천적 판단력이라는 것이다.242) 나의 판단으로는 요나스의 판단력과 칸트의 판단력과의 차이는 대체로 실천적 판단력과 '순수한 실천적 판단력'과의 차이에 대응한다. 그러므로 칸트적 정언명법에 입각하면 현세대를 위한 미래 세대의 희생이 선택될 가능성이 높다는 요나스의 주장은 순수한 실천적 판단의 보편성을 사실적 행위의 일반성으로 오해한 데서 비롯된 것이다.243)

사실 이와 같은 판단력의 차이는 목적성 우위의 원칙과 도덕 법칙의 차이에서 기인하는 것이다. 칸트의 도덕 법칙이 의식 내에서 규범들을 근거짓는 역할을 한다면, 요나스의 목적성의 원칙은 존재에 그 기원을 갖는다. 요나스에 있어서도 '인류여, 존재하라'라는 정언 명령이 문자 그대로 '무조건적' 규범이라면, 그 무조건성은 당위의 무조건성이지 사실적 필연성은 아니다. 그러므로 칸트적 입장에서 보면 요나스의 정언명법은 그 기원이 무엇이든 간에 칸트적 정당화를 이미 거친 것이거나 아니면 거칠 수 있는 것이다. 물론 우리는 굳이 정언명법에 의한 정당화를 거치지 않아도 좋을 만큼 직관적 타당성을 갖는 규범들이 있음을 부인할 수 없다. 예를 들면

---

241) O. Höffe, *Ethik und Politik*, 52 참조.

242) 이에 대해서는 다음의 글 참조. O. Höffe, Universalistische Ethik und Urteilskraft : Ein Aristotelischer Blick auf Kant, in : *Zeitschrift für philosophische Forschung*, Bd. 44, 1990

243) 이와 유사하게 아펠은 '이상적 합의로서의 인류의 미래 존재'와 사실적 합의로서의 산아 제한이 담론 윤리학 내에서도 구별될 수 있다고 주장한다. K. O. Apel, Die ökologische Krise als Herausforderung für die Diskursethik, in : *Ethik für die Zukunft*, 388 참조.

대개 천륜이라고 일컬어지는 부모와 자식 간의 윤리 같은 것이 그러한 규범일 것이다.[244]

나는 칸트의 『도덕 형이상학』에 나오는 자살 금지 논증이 개인뿐만 아니라 인류의 자살을 금지하는 근거가 될 수 있다고 생각한다. 칸트의 말대로 인간의 자살이 비도덕적인 것은 자살이 도덕성을 세상으로부터 절멸하기 때문이라 했을 때, 이 도덕성은 개별 인간이나 미래 인간을 넘어서 있는 인간의 이념이기 때문이다. 이러한 인간의 이념을 그는 인격성이라고 표현하고 있다. 칸트적 인간의 이념은 요나스적 인간의 이념, 즉 책임 능력과 충돌하지 않는다. 오히려 칸트적 인격성은 책임 능력보다 상위의 차원에 있는 것으로 간주될 수 있다.

3-2

구속성의 의식을 구성하는 또 다른 계기는 의식의 자발적 일치 활동이다. 이 계기를 생략하고 도덕적 의식을 규명하려는 시도는 진지한 시도라고 할 수 없다. 요나스의 '선 자체에 대한 책임감'과 칸트의 '법칙에 대한 존경'은 주체의 자발적 동의 현상을 지칭하는 표현들이다. 칸트의 '존경'은 칸트 실천 철학 연구에 있어 많은 논쟁들을 불러일으켰다. 나는 주로 헨리히의 연구를 빌려 칸트의 법칙에 대한 존경을 재해석하였다. 헨리히는 법칙과 직접적으로 관계하는 것은 감정일 수 없다는 데서 출발한다. 그에 따르면 칸트는 '법칙에 대한 존경'으로 선의 이념에 대한 이성의 자발적 일치 활동을 포착했음에도 불구하고 그의 저작에서는 이러한 착상이 비정합

---

244) 이 경우 순수한 실천적 판단은 단지 생략되었을 뿐이며 이를 근거로 순수한 실천적 판단력 일반이 필요하지 않다고 말할 수 없다.

적인 형태로 나타나고 있다는 것이다. 나는 정합적 칸트 해석이라면 '법칙에 대한 자발적 일치 활동'의 주체를 순수 실천 이성으로 보아야 한다는 그의 주장에 동의한다. 존경에 대한 이러한 해석은 요나스의 칸트 비판에 적절히 대처할 수 있기 때문이다.

요나스에 있어서는 주체의 자발적 일치 활동이 칸트에서처럼 법칙 자체와 관계하지 않는다. 그렇기 때문에 '대상과 분리된 원칙'이 아니라 '원칙에 의해 선으로 판정된 대상'에 대응하는 도덕 감정이 등장하는 것이다. 그러나 나의 판단으로는 선한 행위의 동기력을, 다른 감정을 제압하는 또 하나의 감정에서 찾는 것만으로는 부족하다. '책임의 대상'과 '책임의 판정 기준(Instanz)'을 방법론적으로 분리해 보면 '책임의 판정 기준에 대한 동의'가 '대상에 대한 동의(책임감)'의 원인이다. 나의 판단으로는 '선한 대상'이 아닌 '선의 원칙'에 대한 주체의 일치 활동의 요체는 요나스의 '로고스적 공포'에 있는 것 같다. '비교 미래학적으로 예측될 수도 있는 생명의 종말'에 대한 공포는 '생명의 이념'에 대한 경외와 동전의 양면을 이루기 때문이다. 말하자면 공포는 이념과 부정적으로 관계하지만 경외는 긍정적으로 관계한다. 물론 요나스에 있어서는 공포든 경외든 책임이든 간에 그것이 이성의 활동일 가능성은 없다.

사실 생존의 위기에 직면한 생명의 당위적 요구는 너무도 분명한 것이어서 '죽음에 대한 공포감'이나 '생명에 대한 경외심' 이상의 동기력을 요구하지 않을 수도 있다. '인간의 품위를 잃어버린 생존'에 대한 공포만으로도 책임 있는 행위의 동기를 제공하기에 충분할지도 모른다. 그러나 인류의 미래 존재가 무조건적 필연성으로 의식된다면, 이러한 의식에 앞서 무조건적 요구에 대한 순수한 실천 이성의 동의가 이미 이루어진 것이다. 나는 칸트의 정언명법 및 존경이 요나스의 정언명법 및 책임감과 다른 차원에 있으며, 인류의 미래 존재가 무조건적 당위로 의식되는 한, 책임감은 도덕법에 대한 존경을 명시적으로든 암시적으로든 전제한다고 생각한다.

정리하자면 다음과 같다. 칸트의 도덕적 의식이 '순수한 실천적 판단력'과 '도덕 법칙에 대한 순수 실천 이성의 동의(존경)'로 구성된다면, 요나스의 도덕적 의식은 '실천적 판단력'과 '선 자체에 대한 도덕 감정의 동의(책임감)'로 구성된다고 말할 수 있다. 요나스의 도덕적 의식을 행위 의식이라고 부를 수 있다면 칸트의 도덕적 의식은 행위 의식을 반성하는 실천 의식이다. 행위 의식과 실천 의식은 요나스가 말한 '도덕적 자유'와 '반성적 자유'에 정확히 대응한다. 자율성, 반성적 자유, 실천 의식은 책임성, 도덕적 자유, 행위 의식을 정당화하는 준거의 차원인 것이다.

결론적으로 나는 '책임'으로서의 '자율'이 가능하다고 생각한다. 물론 칸트에게는 인간 외적 존재에 대한 '직접적' 책임이 결여되어 있지만 이는 자율을 포기해야만 극복되는 것은 아니다. 다른 한편 '미래에도 생명이 온전한 모습으로 존재할 권리'는 인간의 이익만을 문제삼는 공리주의에 의해서 정당화될 수 없다. 이런 점에서 요나스의 책임 윤리는 기술 시대의 행위 규범으로서 적합하다. 그러나 이러한 책임의 원칙도 자신의 완성을 위해 내면적 도덕성, 즉 자율의 원칙을 요구한다.

참고문헌

1. Jonas의 저작

Das Prinzip Verantwortung, Frankfurt am Main, 1979. (H. 요나스 지음, 이진우 옮김, 『책임의 원칙 : 기술 시대의 생태학적 윤리』, 서울, 1994).

Macht order Ohnmacht der Subjektivität ?, Frankfurt am Main, 1987.

Materie, Geist und Schöpfung, Frankfurt am Main, 1988. (한스 요나스 지음, 김종국 · 소병철 옮김, 『물질 · 정신 · 창조 - 우주의 기원과 진화에 관한 철학적 성찰』, 서울, 2007).

Organismus und Freiheit, Göttingen, 1973. (한스 요나스 지음, 한정선 옮김, 『생명의 원리 : 철학적 생물학을 위한 접근』, 아카넷, 서울, 2001).

Philosophical Essays, Chicago, 1974.

Philosophische Untersuchungen und Metaphysische Vermutungen, Frankfurt am Main, 1992.

Technik, Medizin und Ethik, Frankfurt am Main, 1987. (한스 요나스 지음, 이유택 옮김. 『기술 의학 윤리』, 서울, 2007).

2. Kant의 저작

Bemerkungenen zu den Beobachtungen über das Gefühl des Schönen und
　　　Erhabenen, in: Kant's Gesammelte Schriften, hg. von der Preußischen
　　　Akademie der Wissenschaften, Berlin, Bd. 2.
Das Ende aller Dinge, in: Kant's Gesammelte Schriften, Bd. 8.
Grundlegung zur Metaphysik der Sitten, in: Kant's Gesammelte Schriften,
　　　Bd. 4. (I. 칸트 지음, 최재희 옮김,『도덕철학 서론』,『실천 이성
　　　비판』, 서울, 1991).
Metaphysik der Sitten Tugendlehre, in: Kant's Gesammelte Schriften, Bd. 6.
Mutmaßlicher Anfang der Menschengeschichte in: Kant's Gesammelte Schriften,
　　　Bd. 8.
Kritik der prktischen Vernunft, in: Kant's Gesammelte Schriften, Bd.5. (I.
　　　칸트 지음, 최재희 옮김.『실천 이성 비판』, 서울, 1991).
Kritik der reinen Vernunft, in: Kant's Gesammelte Schriften, Bd. 3. 4.
Kritik der Urteilskraft, in: Kant's Gesammelte Schriften, Bd. 5. (I. 칸트
　　　지음, 이석윤 옮김,『판단력 비판』, 1994, 서울, 175).
Religion innerhalb der Grenzen der bloßen Vernunft, in: Kant's Gesammelte
　　　Schriften, Bd. 6.

3. 그 외의 저자들의 저작

김종국, 「기술공학 시대는 새로운 형이상학을 요구하는가?」,『철학』,
　　　43집, 한국 철학회, 1995.
김종국, 「생태 윤리와 공적 책임」,『철학연구』, 29집, 고려대학교 철학
　　　연구소, 2005.
소병철,『한스 요나스의 맑스주의 비판에 대한 고찰』, 고려대학교 석사
　　　학위 논문, 1996.

임홍빈, 『기술 문명과 철학』, 서울, 1995.

하이데거, M. 지음, 이기상 옮김, 『기술과 전향』(*Die Technik und die Kehre*), 서울, 1993.

하이데거, M. 지음, 최상욱 옮김, 『세계상의 시대』(Die Zeit des Weltbildes), 서울, 1994.

Apel, K., Die ökologische Krise als Herausforderung für die Diskursethik, in : D. Böhler hg., *Ethik für die Zukunft*, München, 1994.

ders, Kant, Hegel und das aktuelle Problem der normativen Grundlagen von Moral und Recht, in : D. Henrich hg., *Kant oder Hegel*, Stuttgart, 1983.

Aristoteles, *Nicomachische Ethik*, übers. E. Rolfes, Hamburg, 1995.

Attfield R., *The Ethics of Environmental Concern*, Univ. of Georgia, 1991.

Düsing, K., Naturteleologie und Metaphysik bei Kant und Hegel, in.: H. Fulda hg., *Hegel und die „Kritik der Urteilskraft"*, Stuttgart, 1990.

Ellul, J., *The technological Society*, New York, 1964.

ders, The Technological Order, in.: C. Mitcham ed., *Philosophy and Technology*, 1972.

Gronke, H., Epoche der Utopie. Verteidigung des Prinzips Verantwortung gegen seine liberalen Kritiker, seine konservativen Bewunderer und gegen Hans Jonas selbst, in : D. Böhler hg., *Ethik für die Zukunft*, München, 1994.

Hardin, G., The Tragedy of the Commons, in: K. S Shrader Frechtte ed., *Environmental Ethics*, Pacific Grove, 1991.

Henrich, D., *Selbstverhältnisse*, Stuttgart, 1983.

ders, Der Begriff der sittlichen Einsicht und Kant's Lehre vom Faktum der Vernunft, in.: Gerold Prauss hg., *Kant Zur Deutung seiner Theorie von Erkennen und Handeln*, Köln, 1973.

Höffe, O., *Ethik und Politik*, Frankfurt am Main, 1979.

ders, *Kategorische Rechtsprinzipien*, Frankfurt am Main, 1990.

ders, Universalistische Ethik und Urteilskraft : ein aristotelischer Blick auf Kant, in : *Zeitschrift für philosophische Forschung*, Bd. 44, 1990.

Hösle, V., Ethik und Ontologie bei Hans Jonas, in : D. Böhler hg., *Ethik für die Zukunft*, München, 1994.

Kim, J., Moralität in der Gott-verlassenen Welt. Theodizeefrage bei Kant und Jonas, in: *Kant und die Berliner Aufklärung. Akten des IX. Internationalen Kant-Kongresses*, Bd. 3, Berlin, 2001.

Kuhlmann, W., *Reflexive Letztbegründung. Untersuchungen zur Transzendentalpragmatik*, Freiburg, 1985.

Lanczkowski, G., Anthropomorphismus, in : Joachim Ritter hg., *Historisches Wöterbuch der Philosophie*, Basel, 1971, Bd. 1.

Lenk, H., *Zur Sozialphilosophie der Technik*, Frankfurt am Main, 1982.

Löw, R., Zur Wiederbegründung der organischen Naturphilosophie durch Hans Jonas, in: D. Böhler hg., *Ethik für die Zukunft*, München, München, 1994.

MacIntyre, A., *After Virtue*, Notre Dame, 1984.

Moore, G., *Principia Ehtica*, London, 1956.

Mumford, L., Technics and the Nature of Man, in: C. Mitcham ed., *Philosophy and Technology*, New York, 1972.

Platon, *Phaidon*, übers., F. Schleiermacher, Darmstadt, 1971.

ders, *Der Staat*, übers., F. Schleiermacher, Darmstadt, 1971.

Schäfer, O., Selbstbestimmung und Naturverhältnis des Menschen, in : *Über Natur*, O. Schwemmer hvg., Frankfurt, 1987.

Schöndorf, H., Setzt Kants Philosophie die Existenz Gottes voraus ?, in.: *Kant-Studien,* Heft 2, 1995.

Singer, P., Animal Liberation, in.: K.S Shrader Frechtte ed., *Environmental Ethics*, Pacific Grove, 1991.

White L., The Historical Roots of Our Ecologic Crisis, in: C. Mitcham ed., *Philosophy and Technology*, Oxford, 1972.

• 저자 •

김종국   •약 력•

고려대학교 철학과에서 학사, 석사, 박사학위를 취득하고 독일 튀빙엔 대학교에서 객원연구원으로 재직한 후, 동대학교 박사후 과정을 이수하였으며, 현재는 경인교육대학교 윤리교육과 교수로 재직 중이다.

•주요논저•

「기술공학시대는 새로운 형이상학을 요구하는가」
「악의 기원-칸트와 요나스의 주장을 중심으로」
「Moralität in der Gott-Verlassenen Welt. Theodizeefrage bei Kant und Jonas」
「생태 윤리와 공적 책임」
「미래와 힘. 한스 요나스의 책임의 원칙 그 이후」
「이성에 의한, 자연을 통한 평화-칸트의 평화 개념」
「보편주의 윤리학에서 개인과 사회-칸트와 밀의 경우」
「보편주의 윤리학에서 황금률 논쟁-칸트와 헤어」
「Golden Rule in Eastern Philsophy」
「Kants Lügenverbot in sozialethischer Perspektive」
「인격 개념을 통해서 본 근대적 심신관-로크와 칸트의 인격관을 중심으로」
「공적 쾌락과 사적 금욕-벤담과 칸트에서 금욕의 문제」
『윤리학 사전』(공역)
『물질, 정신, 창조-우주의 기원과 진화에 관한 철학적 성찰』(공역)
외 다수

H. 요나스 對 I. 칸트

책임인가 자율인가?

• 초판 인쇄	2008년 2월 28일
• 초판 발행	2008년 2월 28일
• 지 은 이	김종국
• 펴 낸 이	채종준
• 펴 낸 곳	한국학술정보㈜
	경기도 파주시 교하읍 문발리 513-5
	파주출판문화정보산업단지
	전화 031) 908-3181(대표) · 팩스 031) 908-3189
	홈페이지 http://www.kstudy.com
	e-mail(출판사업부) publish@kstudy.com
• 등 록	제일산-115호(2000. 6. 19)
• 가 격	20,000원

ISBN   978-89-534-8243-2 93160 (Paper Book)
        978-89-534-8244-9 98160 (e-Book)